HEYNE BÜCHER

Dr. Wolfgang Friedrich

PROFI-TIPS ERBSCHAFT

Unter Mitarbeit von
Beate Diele

Originalausgabe

WILHELM HEYNE VERLAG
MÜNCHEN

HEYNE RATGEBER
08/5083

Wichtiger Hinweis:

Alle Ratschläge und Hinweise in diesem Buch beruhen auf dem Stand von Rechtsprechung und Gesetzeslage zum Zeitpunkt des Redaktionsschlusses. Die Zusammenfassung der veröffentlichten Urteilstexte in Leitsätzen, ihre Auslegung und Kommentierung erfolgt nach bestem Wissen und Gewissen. Einzelne Gerichtsentscheidungen, die einen deutlichen Widerspruch zu anderen zeigen, wurden bewußt aufgenommen, um Unterschiede in der Entscheidungslage zu dokumentieren. Wegen der auf den Einzelfall oft nicht übertragbaren Umstände kann jedoch von Autoren, Produzenten oder Verlag keine Haftung für eventuelle Schäden übernommen werden, die aus den im Buch gegebenen Hinweisen resultieren.

Umwelthinweis:
Dieses Buch wurde auf
chlor- und säurefreiem Papier gedruckt.

Printed in Germany 1996
Umschlaggestaltung: Atelier Adolf Bachmann, Reischach
Satz: Kort Satz GmbH, München
Druck und Bindung: Pressedruck Augsburg

ISBN 3-453-11424-8

Inhalt

Vorwort

Niemand ist verpflichtet, ein Testament zu machen. Das Gesetz regelt genau, was nach dem Tod aus dem Hab und Gut eines Menschen wird, der seinen Letzten Willen nicht schriftlich niedergelegt hat. In diesem Fall kommen seine gesetzlichen Erben zum Zug.

Doch diese Lösung ist nicht immer im Sinn und nach Wunsch des Verstorbenen. Da bleibt etwa die langjährige Lebensgefährtin ohne Versorgung zurück, bricht unter Geschwistern heftiger Rechtsstreit aus, fällt ungeliebten Verwandten das Vermögen in den Schoß, geht ein Großteil des Erbes überflüssigerweise an den Fiskus.

Wer seinen Nachlaß lieber möglichst gerecht und nach eigenen Vorstellungen verteilen will, dem bleibt deshalb nichts anderes übrig, als sich selbst einmal gründlich mit dem Thema »Testament und Erbschaft« zu befassen. Gerade heute ist das besonders wichtig, denn es geht um gewaltige Summen. In über 50 kriegsfreien Jahren mit ständigem Wachstum haben sich in Deutschland große Vermögenswerte angesammelt. Das Institut der Deutschen Wirtschaft in Köln hat errechnet, daß einer »Generation der Erben« bis zum Jahr 2000 fast 2000 Milliarden DM zufließen werden!

Von der Erbschaftswelle sind natürlich auch Haus- und Grundbesitz betroffen. So werden bis zum Jahrtausendwechsel schätzungsweise rund 1,25 Millionen Immobilien im Gesamtwert von fast 640 Milliarden DM auf Erben übergehen. Gerade bei Grundbesitz kann es im Einzelfall zu großen Problemen kommen, wenn keine letztwillige Verfügung getroffen wurde und sich mehrere gesetzliche Erben mit den unterschiedlichsten Interessen etwa über den Verkauf oder Nichtverkauf eines Hauses einigen müssen.

Vielleicht haben Sie das Thema Testament bisher vor sich hergeschoben, weil Sie nicht ans Sterben denken möchten.Oder Sie haben deshalb noch kein Testament gemacht, weil Sie sich nicht festlegen wollten. Sie möchten möglicherweise noch etwas abwarten und beobachten, wie sich die Dinge in Ihrer Familie entwickeln und wer Ihr Erbe am meisten »verdient«.

Doch bedenken Sie: Ihr Testament unterliegt ganz Ihrem freien Willen. Sie können es jederzeit ändern, vernichten, widerrufen. Und das gilt nicht nur für das private Testament, das Sie zu Hause im Schreibtisch aufbewahren. Es gilt ebenso für das öffentliche Testament, das unter Mitwirkung eines Notars errichtet wurde. Auch dieses Testament kann widerrufen werden, wenn Sie es sich noch einmal anders überlegen und – allein daheim oder wieder beim Notar – ein neues, anderes errichten.

Auch hat niemand zu Ihren Lebzeiten Anspruch auf das ihm testamentarisch versprochene Erbteil, niemand kann Sie verpflichten, ihm das künftig Zugedachte jetzt schon auszuhändigen oder auszuzahlen, niemand sollte Schulden machen im Hinblick auf sein mögliches späteres Erbe. Tut er's, weil er auf Ihr Testament vertraut, so geschieht das auf eigene Gefahr.

Es gibt also keinen Grund, die Errichtung eines Testaments lange vor sich herzuschieben. Wenn Sie Ihr Vermögen gerecht verteilt, Ihre Hinterbliebenen gut versorgt wissen möchten, sollten Sie sich die Zeit nehmen, eine gut durchdachte letztwillige Verfügung zu treffen und ihren Inhalt immer wieder daraufhin zu prüfen, ob er noch Ihrem aktuellen Willen entspricht.

Bedenken Sie auch, daß ein klares Testament noch zu Ihren Lebzeiten eine friedenstiftende Wirkung zwischen den künftigen Erben haben kann, erst recht aber dann, wenn der Erbfall tatsächlich eintritt.

Wenn nämlich das Erbrecht aller Beteiligten absolut klar in Inhalt und Umfang bestimmt ist, wird es keinen Streit über die Verteilung geben.

Falls ein vertrauensvolles Verhältnis in Ihrer Familie bzw. unter den potentiellen Erben besteht, empfiehlt es sich sogar, die letztwillige Verfügung mit diesem Personenkreis zu besprechen.

Welche Regeln und Formvorschriften bei der Errichtung eines Testaments zu beachten sind, wann Sie einen Notar einschalten sollten, wie Sie als Ehepaar bzw. in einer nichtehelichen Lebensgemeinschaft die Dinge am besten regeln, haben wir hier für Sie zusammengestellt.

Das Buch ist aber auch für diejenigen gedacht, die selbst von einem Todesfall betroffen sind und erben.

Was muß jetzt veranlaßt werden? Welche Fristen sind zu beachten? Müssen Sie persönlich zur Testamentseröffnung erscheinen? Wie verhält man sich, wenn man enterbt wurde? Diese und weitere Fragen wollen wir Ihnen beantworten.

Der Überblick kann Ihnen einerseits eine Fülle von Informationen vermitteln, die Ihnen in vielen Fällen den Weg zu einem Rechtsanwalt ersparen.

Sie werden daran aber auch erkennen, in welchen kniffligeren Fragen es wichtig oder unerläßlich ist, den Rat eines erfahrenen Anwalts oder Notars einzuholen.

Das in Deutschland gültige Erbrecht ist im Bürgerlichen Gesetzbuch (BGB) geregelt, die meisten Vorschriften dazu finden sich im fünften Buch des BGB, in den Paragraphen 1922 bis 2385.

Eine Veränderung im Erbrecht gab es mit dem Betreuungsgesetz vom 12. September 1990. Es beseitigte mit Wirkung vom 1. Januar 1992 die Entmündigung sowie die Vormundschaft für Volljährige. Statt dessen wurde eine »Betreuung« eingeführt. Dadurch wurden auch einige erbrechtliche Bestimmungen aufgehoben.

Eine weitere erbrechtliche Änderung ist für nichteheliche Kinder vorgesehen. Nach einem bereits im Februar 1994 vom Bundeskabinett beschlossenen Gesetzentwurf sollen sie künftig ehelichen Kindern gleichgestellt werden. Bei Redaktionsschluß dieses Buches befand sich die Diskussion darüber noch in vollem Gange.

Auch im Zusammenhang mit der Erbschaftssteuer wird sich etwas verändern. Nach zwei im August 1995 veröffentlichten Entscheidungen des Bundesverfassungsgerichts sind einige Vorschriften des Vermögensteuergesetzes und des Erbschafts- und Schenkungssteuergesetzes verfassungswidrig. In Zukunft muß »das persönliche Gebrauchsvermögen« sowohl von der Vermögen- als auch von der Erbschafts- und Schenkungsteuer freigestellt werden. Wie die Regelung bei der Erbschaftssteuer im einzelnen aussehen soll, muß der Gesetzgeber bis Ende 1996 festlegen. Bis zur Neuregelung gelten weiterhin die alten Vorschriften, da sie nicht für nichtig erklärt wurden. (Mehr darüber finden Sie im Kapitel »Die Erbschafts- und Schenkungssteuer«.)

Das Erbrecht der DDR war im Zivilgesetzbuch (ZVG) der Deutschen Demokratischen Republik enthalten. Der Einigungsvertrag legt fest, daß mit dem Beitritt der DDR zur Bundesrepublik am 3. Oktober 1990 grundsätzlich das Recht der Bundesrepublik auch in den neuen ostdeutschen Bundesländern in Kraft trat.

Allerdings gibt es einige Ausnahmen, auf die wir an den entsprechenden Stellen hinweisen werden.

Die gesetzliche Erbfolge

Wenn jemand stirbt, geht sein Vermögen – die Erbschaft, der Nachlaß – als Ganzes auf die Erben über (§ 1922 BGB).

Wer nun diese Erben sind, das hängt davon ab, ob und wen die verstorbene Person in einer besonderen Willenserklärung – Testament oder Erbvertrag – dazu bestimmt hat. Wenn es keine entsprechenden Verfügungen gibt, tritt die »gesetzliche Erbfolge« ein. Danach erben die Blutsverwandten, adoptierte Kinder und der Ehepartner.

Und auch der Staat kann gesetzlicher Erbe sein, aber erst dann, wenn sich entweder keine Erben finden oder alle die Erbschaft ausschlagen.

! Den Erben fällt durch den Tod aber nicht nur das Vermögen des Verstorbenen – des sogenannten Erblassers – zu. Sie werden auch Gläubiger seiner Forderungen und Schuldner seiner Verpflichtungen, haben jedoch das Recht, die Erbschaft auszuschlagen.

Das Erbrecht der Verwandten

Kinder oder Enkel haben immer Vorrang

Die gesetzliche Erbfolge ist nach einem bestimmten System aufgebaut, in dem es Verwandte unterschiedlicher Ordnungen gibt. Je nach Verwandtschaftsgrad zur verstorbenen Person sind die gesetzlichen Erben in Erben erster, zweiter, dritter, vierter, fünfter usw. Ordnung eingestuft. Solange Erben erster Ordnung leben, erhalten sie alles – die nachfolgenden Erben zweiter, dritter usw. Ordnung gehen leer aus. Ein einziger Angehöriger einer näheren Ordnung kann somit alle Angehörigen von entfernteren Ordnungen ausschließen.

Wenn nahe Angehörige fehlen, erben die entfernteren Verwandten.

Erben erster Ordnung

Gesetzliche Erben erster Ordnung sind die Abkömmlinge des Erblassers. Abkömmlinge – damit sind die Kinder, Enkel, Urenkel usw. gemeint. Auch Kinder, die zum Zeitpunkt des Erbfalls noch nicht auf der Welt, aber bereits gezeugt waren und lebend zur Welt kommen, sind erbberechtigt.

! Wenn die Kinder leben, so erben sie alles zu gleichen Teilen; gibt es schon Enkel, so erhalten diese nichts. Erst wenn der Elternteil, über den die Enkel mit dem Erblasser verwandt sind, zu diesem Zeitpunkt bereits verstorben ist oder sein Erbe ausschlägt, fällt sein Erbschaftsanteil – wiederum zu gleichen Teilen – den Enkeln zu (§ 1924 BGB).

Beispiel:

Ein Witwer hinterläßt bei seinem Tod seinen Sohn, der zwei Kinder hat. Wenn kein Testament vorhanden ist, erbt der Sohn alles, die Enkel gehen leer aus. Ist der Sohn des Erblassers zum Zeitpunkt des Todes seines Vaters schon tot, erben nur die Enkel des Erblassers.

Erben zweiter Ordnung

Gesetzliche Erben der zweiten Ordnung kommen an die Reihe, wenn es keine Erben der ersten Ordnung gibt. Es sind die Eltern des Erblassers und deren Abkömmlinge, also die Geschwister des Erblassers und deren Kinder. Sie erben aber nur, wenn zum Zeitpunkt des Erbfalls keine Erben erster Ordnung (mehr) leben. Wenn also z. B. jemand stirbt und seinen Vater und ein Enkelkind hinterläßt, erbt nur das Enkelkind und nicht der Vater, obwohl der Vater gradmäßig näher mit ihm verwandt war als das Enkelkind.

! Sind beim Tod des Erblassers noch beide Eltern am Leben und weder Abkömmlinge noch eine Ehefrau vorhanden, so erhalten sie je die Hälfte der Erbschaft. Wenn nur noch ein Elternteil lebt, so bekommt er die Hälfte, die Geschwister des Verstorbenen teilen sich die andere Hälfte. Sie treten an die Stelle des verstorbenen Elternteils.

! Sind beide Eltern tot, so erben die Geschwister alles zu gleichen Teilen. Sollten auch sie nicht mehr leben, so gehen ihre Erbteile auf ihre jeweiligen Kinder über – und zwar nach den Vorschriften, die für die Beerbung in der ersten Ordnung gelten (§ 1925 BGB).

Erben dritter Ordnung

Zu den gesetzlichen Erben der dritten Ordnung gehören die Großeltern des Erblassers und deren Abkömmlinge, also Onkel und Tante, Vetter und Cousine. Sind alle vier Großelternteile noch am Leben, so erben diese allein und zu gleichen Teilen, also jeder ein Viertel. Lebt zur Zeit des Erbfalls ein Großelternpaar nicht mehr und sind auch keine Abkömmlinge der Verstorbenen vorhanden, so erben die anderen Großeltern oder ihre Abkömmlinge allein.

Wenn Abkömmlinge an die Stelle ihrer Eltern oder Großeltern treten, erben sie nach den in der ersten Ordnung geltenden Vorschriften (§ 1926 BGB).

! Auch hier gilt: Wenn noch ein einziger Verwandter einer vorhergehenden Ordnung lebt, kommt kein entfernter Verwandter zum Zug. Das muß also immer erst ermittelt werden. Hat den Erblasser auch nur ein Kind, Enkelkind oder Urenkel (usw.) überlebt, scheiden alle Verwandten, die zur zweiten Ordnung gehören (Eltern, Geschwister, Neffen, Nichten und deren Kinder) als gesetzliche Erben aus.

Erben vierter und fünfter Ordnung

Rechtlich gesehen gibt es auch noch gesetzliche Erben der vierten und fünften sowie einer noch ferneren Ordnung. Es kommt jedoch selten vor, daß jemand aus diesem Kreis erbt. Zum einen, weil schon allein der überlebende Ehegatte alle Verwandten ab der vierten Ordnung verdrängt. Und zum anderen, weil es meist schwierig ist, einen derartigen Verwandtschaftsgrad noch nachzuweisen.

Gesetzliche Erben der vierten Ordnung sind jedenfalls die Urgroßeltern des Erblassers und deren Abkömmlinge.

Gesetzliche Erben der fünften Ordnung und der entfernteren Ordnungen sind Personen, die noch weiter entfernte Voreltern mit dem Erblasser gemeinsam haben.

Wie Sie sehen, kommen durch dieses Ordnungssystem vor allem die Abkömmlinge des Erblassers in den Genuß der Erbschaft. Das ist sicher meist auch im Sinn der verstorbenen Person, die ihre Kinder und Enkel versorgt wissen will.

Und dadurch, daß in dieser Regelung die Nachkommen – also die jüngere Generation – gegenüber den Vorfahren bevorzugt sind, muß Ererbtes auch nicht so häufig den Besitzer wechseln.

Verwandtenerbrecht in den neuen Bundesländern

Wenn jemand im Gebiet der ehemaligen DDR wohnte und vor dem 3. Oktober 1990 gestorben ist, gilt das Verwandtenerbrecht des ZGB. Im Gegensatz zum BGB gibt es hier nur drei Ordnungen. Zur ersten Ordnung gehört neben den ehelichen und nichtehelichen Kindern auch der Ehepartner des Erblassers (§ 365 ZGB).

Alle erben zu gleichen Teilen; der Ehegatte erbt mindestens ein Viertel des Nachlasses und ist Alleinerbe, wenn keine Nachkommen des Erblassers vorhanden sind (§ 366 ZGB).

Zu den Erben der zweiten Ordnung zählen die Eltern des Erblassers und deren Nachkommen; wenn jedoch ein Elternteil nicht mehr lebt, erbt der überlebende Elternteil allein. Ähnlich erbt in der dritten Ordnung, wenn ein Teil des Großelternpaares nicht mehr lebt, der andere dessen Erbteil mit. Erst wenn ein Großelternpaar vorher verstorben ist, geht der Erbteil dieses Paares auf die Nachkommen über.

Das Erbrecht des Ehegatten

Wann der Partner ein Viertel, die Hälfte oder alles erbt

Vielleicht wundern Sie sich darüber, daß in diesem Ordnungsschema der Ehepartner des Erblassers nicht vorkommt. Das liegt daran, daß Ehegatten im Rechtssinn nicht miteinander verwandt sind – es sei denn, Vetter und Cousine oder Onkel und Nichte hätten einander geheiratet.

! Der Ehepartner hat jedoch ebenfalls Anspruch auf ein gesetzliches Erbteil (§1931 BGB). Dessen Größe hängt von der Art des Güterstandes ab, den die Ehegatten vereinbart haben, also davon, ob Gütergemeinschaft, Gütertrennung oder Zugewinngemeinschaft bestand, und davon, welche Verwandten neben ihm ein gesetzliches Erbrecht geltend machen können.

! Ganz ausgeklammert aus der Erbfolge sind dagegen die mit dem Erblasser verschwägerten Personen, etwa die Eltern oder Geschwister des Ehepartners. Und auch die Ehepartner der Verwandten des Erblassers – z. B. der Ehemann der Schwester – zählen nicht zu den gesetzlichen Erben.

Kein Erbrecht bei Scheidung

Voraussetzung für das Erbrecht des Ehegatten ist, daß die Ehe zum Zeitpunkt des Todes noch bestanden hat. War sie vorher rechtskräftig geschieden, besteht beim Todesfall keine Ehe mehr. Und damit auch kein gesetzliches Erbrecht.

Unsere Tips

☛ Auch ein in Scheidung lebender Ehegatte ist von der Erbfolge ausgeschlossen. Das Gesetz sagt für diesen Fall: Das Erbrecht entfällt, wenn zur Zeit des Todes die Voraussetzungen für die Scheidung gegeben waren und der Erblasser die Scheidung entweder selbst beantragt oder ihr zugestimmt hatte (§ 1933 BGB). Es genügt dazu, daß der Scheidungsantrag bei Gericht eingegangen ist.

☛ Anders sieht es dagegen aus, wenn der überlebende Ehegatte die Scheidung beantragt, der Erblasser ihr aber nicht zugestimmt hatte. Dann bleibt das gesetzliche Erbrecht erhalten.

Beispiel:

Eine Frau beantragt die Scheidung, ihr Mann möchte an der Ehe festhalten. Das Paar hat eine Tochter. Während des Scheidungsprozesses stirbt der Ehemann. Es erben die Ehefrau und die Tochter.

Ehepartner und Verwandte

Das Erbteil des verwitweten Ehegatten richtet sich, wie schon gesagt, zum einen danach, zu welcher Ordnung die miterbenden Verwandten gehören, zum anderen nach dem Güterstand, in dem das Ehepaar lebte. Ohne zunächst den Güterstand zu berücksichtigen, sieht das gesetzliche Erbrecht für den Ehegatten so aus:

- Neben Verwandten der ersten Ordnung: Der überlebende Ehegatte ist neben den Kindern und Enkeln des Erblassers zu einem Viertel gesetzlicher Erbe. Drei Viertel des Nachlasses teilen sich die Kinder bzw. – wenn diese nicht mehr am Leben sind – treten an deren Stelle ihre jeweiligen Kinder, also die Enkel des Erblassers. Das Erbrecht des überlebenden Ehegatten ist unabhängig davon, ob nur ein Kind oder Enkel vorhanden ist oder ob viele Abkömmlinge den Erblasser beerben.
- Neben Verwandten der zweiten Ordnung: Wenn es keine Kinder oder Kindeskinder gibt, erhöht sich der Erbteil des verwitweten Ehepartners. Neben Verwandten der zweiten Ordnung, also den Eltern, Geschwistern, Nichten und Neffen des Erblassers, erbt der Gatte die Hälfte. Die andere Hälfte wird unter den Verwandten nach Stämmen aufgeteilt.
- Neben Verwandten der dritten Ordnung: Zur dritten Ordnung gehören die Großeltern des Erblassers und deren Abkömmlinge. Wenn die Großeltern noch leben, erben sie zusammen die Hälfte, die andere Hälfte erbt der Ehegatte. Wenn aber ein Großelternteil schon vorher verstorben oder aus einem anderen Grunde nicht Erbe ist, treten an seine Stelle nicht wie sonst nach dem System des BGB seine Abkömmlinge, sondern der Ehegatte erhält zu seinem Anteil von der Hälfte des Erbes noch den Anteil des verstorbenen Großelternteils des Erblassers.
- Neben Verwandten der vierten oder einer ferneren Ordnung: Leben nur noch Verwandte der vierten oder einer ferneren Ordnung, erbt der überlebende Ehegatte allein.

- Wenn der Ehegatte mit dem Erblasser verwandt ist: Gehört der überlebende Ehegatte gleichzeitig zu den erbberechtigten Verwandten, erbt er in zweifacher Hinsicht: als Ehegatte und als Verwandter. Der Erbteil, der ihm auf Grund der Verwandtschaft zufällt, gilt als besonderer, eigenständiger Erbteil. Das hat zur Folge, daß der Betroffene z. B. den Verwandtenerbteil ausschlagen kann, ohne damit auch den Erbteil als Ehegatte ausschlagen zu müssen.

Der Einfluß des Güterstandes

Für die Höhe des gesetzlichen Erbteils spielt es aber auch eine Rolle, in welchem güterrechtlichen Verhältnis die Eheleute zueinander standen. Dafür gibt es drei Möglichkeiten:

- Zugewinngemeinschaft
- Gütergemeinschaft
- Gütertrennung

! Gütergemeinschaft oder Gütertrennung sind Wahlgüterstände und werden in Eheverträgen festgelegt.

Die Zugewinngemeinschaft

Wenn keine besondere Vereinbarung getroffen wurde – und das ist meistens der Fall – , dann besteht der gesetzliche Güterstand der Zugewinngemeinschaft.

Das bedeutet: Während des Bestehens der Ehe bleibt jeder Ehegatte alleiniger Eigentümer seines in die Ehe eingebrachten oder während der Ehe erworbenen Vermögens. Er haftet nicht für die Schulden des anderen Ehegatten.

! Endet diese Zugewinngemeinschaft durch Scheidung oder den Tod eines Partners, dann wird der während der Ehe entstandene Zugewinn der beiden unter ihnen ausgeglichen. Das geschieht im Todesfall nach weniger komplizierten Berechnungen als bei einer Scheidung.

Unsere Tips

☛ Bei der Scheidung wird genau ermittelt, welches Vermögen jeder Ehegatte bei Beginn des Güterstandes – also bei der Heirat – hatte und was daraus geworden ist. Der Ehegatte, der den größeren Zugewinn erzielt hat, muß die Hälfte davon an den anderen Gatten herausgeben; Vermögenswerte, die ererbt oder durch Schenkung erworben wurden, werden dabei nicht mitgezählt. Das kann bei der Scheidung zu viel Streit führen.

☛ Diese umständliche Berechnung ist im Erbrecht nicht notwendig. Hier erhält der überlebende Ehegatte den pauschalen Zugewinnausgleich von Gesetzes wegen. Dabei ist es gleichgültig, ob überhaupt ein Zugewinn entstanden ist und, falls ja, wie hoch er ist. Die gesetzliche Erbregelung bei der Zugewinngemeinschaft sieht so aus, daß dem gesetzlichen Erbteil des verwitweten Ehegatten grundsätzlich immer ein Viertel der Erbschaft zugeschlagen wird. Der Ehegatte erbt also

- neben den Abkömmlingen des Erblassers 1/4 (als eigenen Erbteil) + 1/4 (als Zugewinnausgleich) = 1/2;
- neben Verwandten der zweiten Ordnung oder neben sämtlichen Großeltern 1/2 + 1/4 = 3/4.

Beispiel:

Ein Ehemann hinterläßt seine Ehefrau. Seine Eltern leben noch. Rein erbrechtlich erhält die Ehefrau neben den Eltern (Erben zweiter Ordnung) 1/2. Dieser Erbteil wird als Zugewinnausgleich um 1/4 erhöht. Also: 1/2 + 1/4= 3/4 für die Ehefrau, 1/4 für die Eltern.

! Der überlebende Ehegatte kann aber auch auf der exakten Berechnung des Zugewinnausgleichs bestehen. Wenn der Zugewinn des verstorbenen Ehepartners hoch war, der eigene gering, dann kann der Überlebende die Erbschaft ausschlagen, seinen Pflichtteil verlangen und den Zugewinnausgleich genau ausrechnen lassen. Ob das sinnvoll ist, hängt vom jeweiligen Einzelfall ab. Hier muß möglicherweise ein Fachmann (Steuerberater, Wirtschaftsprüfer) helfen. (Siehe auch Seite 137ff. beim Pflichtteilsergänzungsanspruch.)

Gütertrennung

Wenn in einem Ehevertrag Gütertrennung vereinbart war, gibt es keinen ausgleichsbedürftigen Zugewinn. Je nachdem, zu welcher Ordnung die Verwandten des Erblassers gehören, erbt der überlebende Ehegatte nur die gesetzlich festgelegte Quote, also neben Verwandten der ersten Ordnung ein Viertel, neben Verwandten der zweiten Ordnung und den Großeltern die Hälfte, und alles, wenn solche Verwandte fehlen (§ 1931 Abs. 1 und 2 BGB).

! Eine Besonderheit gilt, wenn der Erblasser neben seinem Ehegatten ein oder zwei Kinder hinterlassen hat. Dann erben der Partner und jedes Kind zu gleichen Teilen. Damit wollte der Gesetzgeber erreichen, daß der Ehegatte nicht schlechter gestellt wird als ein Kind.

Sind drei oder mehr Kinder vorhanden, bleibt es dabei, daß der überlebende Gatte zu einem Viertel gesetzlicher Erbe ist (§ 1931 Abs. 4 BGB).

Gütergemeinschaft

War in einem Ehevertrag Gütergemeinschaft vereinbart, dann sind das Vermögen des Mannes und das der Frau gemeinschaftliches Vermögen – Gesamtgut – beider Ehegatten (Gesamthand). Zum Gesamtgut gehört auch das Vermögen, das Mann oder Frau während der Gütergemeinschaft erworben hat. Der Anteil am Gesamtgut (und nicht einzelne Gegenstände) bildet den Nachlaß des Verstorbenen und wird nach den allgemeinen erbrechtlichen Vorschriften vererbt, z. B. nach der gesetzlichen Erbfolge oder gemäß Testament.

! Hatte das Ehepaar in dem Vertrag fortgesetzte Gütergemeinschaft vereinbart, wird die Gütergemeinschaft mit den gemeinsamen Kindern oder Kindeskindern fortgesetzt.
In diesem Fall wird der Anteil des Verstorbenen am Gesamtgut nicht vererbt. Die Gesamthand wird jetzt zwischen dem überlebenden Ehegatten und den gemeinsamen Kindern fortgesetzt.

Voraus des Ehegatten

Außerdem erbt der überlebende Ehegatte als sogenannten Voraus die Gegenstände des ehelichen Haushalts (§ 1932 BGB).

Wenn er neben Verwandten der zweiten Ordnung oder neben Großeltern gesetzlicher Erbe ist, so darf er alle zum Haushalt gehörenden Gegenstände wie etwa Möbel, Teppiche, Bücher, Schallplatten und Haushaltsgeräte sowie die Hochzeitsgeschenke behalten.

! Ist er neben Verwandten der ersten Ordnung gesetzlicher Erbe, so darf er nur das behalten, was er »zur Führung eines angemessenen Haushalts« braucht.
Wenn ein Testament vorhanden ist, gibt es keinen Anspruch auf den »Voraus«.

Ehegattenerbrecht in den neuen Bundesländern

In den neuen Bundesländern gelten für alle Erbfälle, die vor dem 3. Oktober 1990 eintraten, die alten DDR-Vorschriften fort. Maßgebend ist dann das Ehegattenerbrecht des ZGB. Es ist für den Überlebenden günstiger als das des BGB: Der Ehegatte gehört zur ersten Ordnung und erbt mit den Kindern im gleichen Verhältnis, mindestens jedoch ein Viertel; wenn keine Nachkommen des Erblassers vorhanden sind, ist er sogar Alleinerbe (§§ 365 I, 366 ZGB).

Neben seinem Erbteil hat er Anrecht auf die Gegenstände, die zum ehelichen Haushalt gehören.

Nur die Hälfte des während der Ehe erworbenen Vermögens fällt in den Nachlaß. Die andere Hälfte steht dem überlebenden Ehegatten kraft Güterrechts nach dem Familiengesetzbuch ohnehin schon zu.

Wenn der Erblasser nach dem 3. Oktober 1990 starb, kommt es darauf an, in welchem Güterstand die Eheleute lebten. Wenn das zum Zeitpunkt des Beitritts der Güterstand der Eigentums- und Vermögensgemeinschaft nach dem Familiengesetzbuch der DDR war, so gelten ab dem 3. Oktober 1990 die Vorschriften des BGB über den gesetzlichen Güterstand der Zugewinngemeinschaft.

Sie gelten nicht, wenn sich das Ehepaar durch eine formgerechte Erklärung für den Fortbestand des früheren Güterstands der Eigentums- und Vermögensgemeinschaft entschieden hat.

Kinder aus einer früheren Ehe

Falls einer der beiden Ehepartner früher schon einmal verheiratet war, sind die Kinder aus der ersten Ehe des Verstorbenen seinen Kindern aus der zweiten Ehe gleichgestellt. Sie haben das gleiche Erbrecht und teilen sich ihren Anteil mit dem überlebenden Ehegatten und den Halbgeschwistern.

! Hat der überlebende Ehegatte jedoch Kinder aus einer früheren Ehe, erben sie nichts, da sie mit dem Verstorbenen nicht blutsverwandt sind.

Adoptivkinder

War das Kind bei der Adoption noch minderjährig, ist es mit seinen leiblichen Eltern und sonstigen blutsverwandten Familienmitgliedern rechtlich nicht mehr verwandt. Es wird vielmehr voll in die Familie der Adoptiveltern aufgenommen und ist dort den leiblichen Kindern vollkommen gleichgestellt. Als gesetzlicher Erbe erster Ordnung kann es auch einen Pflichtteil beanspruchen, wenn es im Testament der Adoptiveltern vom Erbe ausgeschlossen wurde. Bei seinen leiblichen Eltern hat es kein Erbrecht mehr.

! Das gilt nicht, wenn es bei der Adoption bereits volljährig war. In diesem Fall bleibt es rechtlich mit seinen leiblichen Eltern und sonstigen Blutsverwandten verwandt. Jemand, der bei der Adoption 18 Jahre oder älter war, hat also ein Erbrecht bei vier Elternteilen: den leiblichen Eltern und den Adoptiveltern!
Er erhält dagegen kein Erbrecht bei den anderen Verwandten der Adoptiveltern.

Das Erbrecht des nichtehelichen Kindes

Noch sind nichteheliche Kinder »Erben zweiter Klasse«

Bis 1969 galt das nichteheliche Kind im Recht der Bundesrepublik Deutschland noch nicht einmal als verwandt mit seinem leiblichen Vater. Diese Bestimmung wurde 1969 per Gesetz aufgehoben. Seitdem sind auch nichteheliche Kinder rechtlich mit ihrem Erzeuger verwandt und erhielten ein gesetzliches Erbrecht nach ihrem Vater und seinen Verwandten.

! Diese erbrechtlichen Vorschriften können aber nur angewendet werden, wenn der Vater nach dem 30. Juni 1970 gestorben und das nichteheliche Kind frühestens am 1. Juli 1949 geboren ist.

Unsere Tips

☛ **Wenn der Vater bei seinem Tod weder eheliche Kinder noch Enkel noch eine Ehefrau hinterläßt, wird das nichteheliche Kind Alleinerbe.**

☛ **In der Beziehung zur Mutter bestanden und bestehen auch weiterhin keine erbrechtlichen Besonderheiten: Bei der gesetzlichen Erbfolge erbt das nichteheliche Kind wie ein eheliches.**

Erbersatzanspruch

Andere rechtliche Bestimmungen gelten dagegen, wenn der Vater eines nichtehelichen Kindes stirbt und eine Witwe und/oder eheliche Kinder bzw. deren Abkömmlinge hinterläßt. In diesem Fall hat das nichteheliche Kind derzeit nur einen Erbersatzanspruch, ebenso beim Tod von väterlichen Verwandten (§ 1934 a BGB).

Das bedeutet, daß ihm die Erben einen Geldbetrag in Höhe des Wertes seines gesetzlichen Erbteils ausbezahlen müssen. Auf Gegenstände des väterlichen Nachlasses hat es keinen Anspruch; es wird nicht Mitglied der Erbengemeinschaft.

Mit dieser Regelung wollte der Gesetzgeber Konflikte vermeiden, die sich ergeben könnten, wenn es sich mit der Ehefrau und den ehelichen Kindern gemeinsam um den Nachlaß zu streiten hätte.

Dadurch sind nichteheliche Kinder vorläufig noch »Erben zweiter Klasse« und werden auch im Vergleich zu Kindern aus geschiedenen Ehen schlechter behandelt, obwohl auch diese außerhalb der neuen Familie ihres Vaters stehen.

Diese Regelung soll jedoch geändert werden.

Vorzeitiger Erbausgleich

Ein nichteheliches Kind muß nach dem gegenwärtigen Recht nicht bis zum Tod seines Vaters warten, um etwas vom Erbe zu bekommen. Es kann zwischen dem 21. und 27. Lebensjahr den vorzeitigen Erbausgleich in Geld verlangen. Dieser vorzeitige Erbausgleich beträgt im Normalfall das Dreifache des Unterhalts, den der Vater dem Kind im Durchschnitt der letzten fünf Jahre, in denen er voll unterhaltspflichtig war, zahlen mußte.

! Wenn dieser Betrag nach den finanziellen Verhältnissen des Vaters – unter Berücksichtigung seiner sonstigen Verpflichtungen – entweder ihm nicht zuzumuten oder für das Kind als Erbausgleich unangemessen gering ist, kann auch eine andere Summe vereinbart werden: mindestens das Einfache, höchstens das Zwölffache des Durchschnittsbetrages der letzten fünf Jahre.
Mit diesem Geld soll dem nichtehelichen Kind eine Starthilfe für seinen Eintritt ins Berufsleben oder für seine Heirat gegeben werden.

Unsere Tips

☛ Der vorzeitige Erbausgleich, dessen Vereinbarung notariell beurkundet werden muß, kann allerdings auch nachteilig sein, wenn ein größeres Vermögen vorhanden oder zu erwarten ist. Wurde nämlich eine solche Vereinbarung getroffen, dann sind beim Tod des Vaters sowie beim Tod väterlicher Verwandter das Kind und dessen Abkömmlinge weder gesetzliche Erben noch Pflichtteilsberechtigte.

☛ Der Anspruch auf vorzeitigen Erbausgleich verjährt in drei Jahren von dem Zeitpunkt an, in dem das Kind das 27. Lebensjahr vollendet hat.

Bald Gleichstellung im Erbrecht?

Bald ist jedoch eine wichtige Gesetzesänderung für nichteheliche Kinder und ihre Väter zu erwarten. Nach einem Gesetzentwurf, der im Februar 1994 vom Bundeskabinett beschlossen wurde, sollen eheliche und nichteheliche Kinder im Erbrecht gleichgestellt werden.

Danach soll der Erbersatzanspruch gestrichen werden. Damit wird aber auch der Anspruch auf einen vorgezogenen Erbausgleich entfallen, wenn der Entwurf Gesetz wird.

Nichteheliche Kinder wären, entsprechend dem Verfassungsauftrag, ehelichen dadurch völlig gleichgestellt, daß sie dann gleichberechtigte Mitglieder der Erbengemeinschaft werden.

Wann das neue Gesetz in Kraft tritt, wie lang der Anspruch auf vorzeitigen Erbausgleich noch bestehen wird, welche Fristen zu beachten sind, stand bei Redaktionsschluß dieses Buches noch nicht fest.

Verjährung

Bei Redaktionsschluß galt auch noch folgende Regelung: Das nichteheliche Kind muß sich selbst nach seiner Erbschaft umsehen und seinen Anspruch notfalls gerichtlich geltend machen.

! Das muß innerhalb von drei Jahren von dem Zeitpunkt an geschehen, in dem es vom Tod seines Vaters erfährt bzw. von den Umständen, aus denen sich das Bestehen des Anspruchs ergibt. Meldet es seinen Anspruch erst nach Ablauf dieser drei Jahre an, ist er verjährt.

Wenn nach dem Tod des Erblassers 30 Jahre vergangen sind und keine Klage eingereicht wurde, ist der Erbersatzanspruch ebenfalls verjährt – unabhängig von der Kenntnis des Kindes über den Tod des Vaters und den Umständen, aus denen sich sein Anspruch ergibt.

Erbrecht des Vaters

So, wie ein nichteheliches Kind beim Tod seines Vaters bisher mindestens einen Erbersatzanspruch hat, steht auch dem Vater beim Tod des nichtehelichen Kindes vorläufig das gleiche zu. Er hat – neben der Mutter des nichtehelichen Kindes und möglichen anderen Verwandten, die gesetzliche Erben sind – Anspruch auf Geld im Wert des gesetzlichen Erbteils.

! Eine notarielle Vereinbarung über vorzeitigen Erbausgleich schließt jedoch auch ihn und seine Angehörigen von diesem Erbersatzanspruch aus.

Die erbrechtliche Gleichstellung von nichtehelichen mit ehelichen Kindern wird auch für ihre Väter erbrechtliche Veränderungen bringen, die bei Redaktionsschluß noch nicht feststanden.

Nichteheliche Kinder in den neuen Bundesländern

In der ehemaligen DDR war die vollständige Gleichstellung der ehelichen und nichtehelichen Kinder seit langem Gesetz.

Nichteheliche Kinder, die vor dem 3. Oktober 1990 geboren wurden, werden diesem Erbrecht der früheren DDR entsprechend weiterhin wie eheliche behandelt.

Danach haben sie den vollen gesetzlichen Erbanspruch, bei Enterbung einen Anspruch auf den Pflichtteil. Sie können dagegen keinen Erbersatzanspruch stellen und auch keinen vorzeitigen Erbausgleich fordern.

Ausnahme: Wenn der nichteheliche Vater vor dem 3. Oktober 1990 seinen Wohnsitz in den alten Bundesländern hatte.

Wenn der Erblasser mit letztem gewöhnlichen Aufenthalt im Gebiet der ehemaligen DDR vor dem 3. Oktober 1990 starb, richten sich die erbrechtlichen Verhältnisse nach dem alten Recht des ZGB.

Für nichteheliche Kinder, die nach dem 2. Oktober 1990 in den neuen Bundesländern geboren wurden, gelten die Vorschriften des BGB.

Nichteheliche Lebensgemeinschaften

Ohne Testament geht der Partner völlig leer aus

Ein Blick in die Statistik zeigt: Immer mehr Paare leben in nichtehelichen Lebensgemeinschaften zusammen, haben oft auch Kinder miteinander.

Wenn auch Sie zu diesem Personenkreis gehören, sollten Sie sich unbedingt Gedanken über Ihre künftige Situation machen.

Auch wenn Sie schon seit vielen Jahren mit Ihrem Partner zusammenleben, werden Sie bei seinem Tod erbrechtlich wie eine fremde Person behandelt.

Und das bedeutet: Wenn kein Testament vorliegt, tritt unweigerlich die gesetzliche Erbfolge ein. Es erben Verwandte, die Ihr Partner vielleicht kaum kennt oder überhaupt noch nie gesehen hat.

Das können Sie nur ausschließen, wenn Sie und Ihr Partner eine letztwillige Verfügung treffen. Das kann ein Erbvertrag sein (siehe Kapitel »Der Erbvertrag«), falls Sie mit Ihrem Partner wechselseitige Verfügungen treffen und sich z. B. gegenseitig zu Alleinerben einsetzen wollen.

Unsere Tips

- ☛ **Behalten Sie sich dabei aber unbedingt ein Rücktrittsrecht vor! Schließlich kann eine nichteheliche Lebensgemeinschaft zerbrechen und jederzeit ohne Umstände aufgelöst werden!**

☛ Ein gemeinschaftliches Testament – wie es Ehegatten möglich ist – können Sie nicht errichten. Jeder von Ihnen kann aber ein eigenes Testament machen, in dem er den anderen bedenkt. Die Pflichtteilsansprüche von Kindern, Eltern und Ehegatten können dabei jedoch nicht ausgeschaltet werden.

☛ Zu klären ist auch noch zu Lebzeiten beider Partner: Wie hoch ist Ihr Vermögen? Was gehört Ihrem Partner? Was wird also einmal zum Nachlaß des einen bzw. des anderen gehören? Wenn das nicht genau feststeht, könnte es später Auseinandersetzungen zwischen den Erben und den Pflichtteilsberechtigten geben.

☛ Falls einer der Partner noch verheiratet ist und getrennt von seinem Ehepartner lebt, können ebenfalls erbrechtliche Probleme auftauchen. Es gilt zwar heute im allgemeinen nicht mehr als »sittenwidrig«, wenn ein Testament zugunsten eines außerehelichen Lebensgefährten lautet. Dennoch sollten Sie sich darüber klar sein, daß der Ehepartner oder benachteiligte Kinder aus der Ehe die Gültigkeit der letztwilligen Verfügungen angreifen werden.
Nicht zu vermeiden sind die hohen Erbschaftssteuern. Partner aus nichtehelichen Lebensgemeinschaften gehören als Nichtverwandte der ungünstigsten Steuerklasse IV an und haben nur einen Freibetrag von 3000 DM.

Der Staat als Erbe

Meist erbt der Staat nur hohe Schulden

Wenn weder ein Ehegatte vorhanden noch ein Verwandter festzustellen ist, wird der Staat gesetzlicher Erbe (§ 1936 BGB).

Der Nachlaß fällt dann an das Bundesland, in dem der Verstorbene zum Todeszeitpunkt wohnte. Hatte er in mehreren Bundesländern Wohnsitze, so erben sie zu gleichen Anteilen; die Länder sind dann Miterben in einer Erbengemeinschaft.

! War der Verstorbene ein Deutscher, der keinem Bundesland angehörte, erbt der Bund.
In der Praxis wird der Staat meist dann gesetzlicher Erbe, wenn der Nachlaß überschuldet war und die Erben die Erbschaft ausgeschlagen haben.

Beispiel:
Der Verstorbene lebte in München und hat kein Testament errichtet. Er hinterläßt nur seine geschiedene Ehefrau, andere Verwandte sind nicht festzustellen. In diesem Fall fällt das Erbe an den bayerischen Staat.

! Ein Recht, die Erbschaft auszuschlagen, hat der Staat als *gesetzlicher* Erbe nicht. Wird er jedoch durch ein *Testament* als Erbe eingesetzt, kann er ausschlagen. Dann fällt das Erbe den gesetzlich Erbberechtigten zu. Sind keine vorhanden oder schlagen sie aus, so wird der Staat gesetzlicher Erbe. Für mögliche Nachlaßschulden haftet er jedoch nur beschränkt.

Das Höferecht

Für Bauern gelten Sonderregeln

Eine andere Form der gesetzlichen Erbfolge gilt für bäuerlichen Grundbesitz. Das sogenannte Anerbenrecht besagt, daß der Hof ungeteilt auf den »Anerben« übergeht, seine Geschwister erhalten nur eine Abfindung im Rahmen der Leistungsfähigkeit des Hofes.

Mit dem Anerbenrecht soll die Zersplitterung des Hofs vermieden werden.

Die gesetzliche Grundlage für dieses Sondererbrecht ist die Höfeordnung vom 26. Juli 1976, die sogenannte Nordwestdeutsche Höfeordnung. Sie ist zwar ein Bundesgesetz, wird aber nur in den Ländern Hamburg, Niedersachsen, Nordrhein-Westfalen und Schleswig-Holstein angewendet.

! Keine höferechtlichen Sonderregelungen bestehen in Bayern, Berlin und im Saarland. Die übrigen Bundesländer haben sich Landesgesetze gegeben, in Baden-Württemberg gelten sogar innerhalb des Landes in den einzelnen Regierungsbezirken unterschiedliche Regelungen.

Wenn Sie sich mehr in das umfangreiche Spezialgebiet des Höferechts vertiefen wollen, sollten Sie sich die Gesetze besorgen, die in Ihrer Region gelten bzw. mit einem Anwalt aus Ihrer Umgebung in Verbindung setzen.

Der Letzte Wille

Die gesetzliche Erbfolge tritt nur dann ein, wenn die verstorbene Person nicht geregelt hat, wie ihr Hab und Gut im Todesfall verteilt werden soll.

Wenn Sie sichergehen wollen, daß Ihr Vermögen nicht in die falschen Hände gerät oder daß kein Streit unter den Erben entsteht, sollten Sie selbst bestimmen, wer welche Anteile davon erhält. Besonders wichtig ist das, wenn größere Werte auf dem Spiel stehen, wenn es sich um Haus- und Grundbesitz handelt oder um die Nachfolge in einem Geschäft oder Unternehmen.

Da solch ein Testament sehr weitreichende Auswirkungen haben, ganz neue Eigentums- und Rechtsverhältnisse auch für künftige Generationen schaffen kann, wird im Gesetz übrigens das Wort »errichten« verwendet. Ein Testament wird also nicht »gemacht«, »verfaßt« oder »geschrieben«, sondern es wird »errichtet«, wie ein Gebäude, das ja auch über den Tod seines Erbauers hinaus noch stehen wird. Das Wort »errichten« unterstreicht diesen hohen Rang von Testamenten.

Für die Bestimmung des »Letzten Willens« gibt es drei Möglichkeiten:

- das private Testament, das aus einer eigenhändig geschriebenen und unterschriebenen Erklärung besteht;
- das öffentliche Testament, das vor einem Notar errichtet wird (oder einem Berufskonsul);
- den Erbvertrag.

Ehepaare haben auch die Möglichkeit, ein gemeinschaftliches Testament zu errichten.

Die Sammelbezeichnung für Testamente und Erbverträge lautet »Verfügung von Todes wegen«.

Unser Tip

☛ Im Gegensatz zu einem Erbvertrag kann ein Testament jederzeit widerrufen werden.

Was Sie verfügen, steht Ihnen frei

Für den Inhalt gibt es keine Vorschriften – aber für die Form

Die durch ein Testament bestimmte »gewillkürte Erbfolge« hat stets Vorrang vor der gesetzlichen Erbfolge. Das heißt, es erben nur diejenigen, die im Testament erwähnt werden.

Wer das ist, bestimmt derjenige, der sein Testament macht, in freier Entscheidung. Er kann den bestimmen, den er will.

! Nur eine Einschränkung bleibt: Einige nahe Verwandte und den Ehepartner, also die Pflichtteilsberechtigten, kann man zwar enterben, sie werden nicht Erben, haben dann aber einen Anspruch auf den »Pflichtteil«.

Ob das Testament privat errichtet wurde oder vor einem Notar, spielt keine Rolle. Beide Testamentsformen stehen gleichberechtigt nebeneinander. Das eigenhändige Testament hat aber den Vorteil, daß Sie es jederzeit und überall ohne Mitwirkung anderer Personen errichten können und Ihnen dabei keinerlei Kosten entstehen.

Welche Verfügungen Sie darin im einzelnen treffen, ist Ihnen völlig freigestellt. Die Freiheit, über seinen Nachlaß frei zu disponieren, die Testierfreiheit, gibt Ihnen das Recht, eine von Ihnen auserkorene Person als Alleinerben einzusetzen oder mehrere Erben nebeneinander zu bestimmen. Durch das Testament kann man einen Verwandten oder den Ehepartner von der gesetzlichen Erbfolge ausschließen, kann festlegen, wer ein Vermächtnis erhalten oder eine bestimmte Auflage erfüllen soll oder wie die einzelnen Vermögensgegenstände auf die Erben verteilt werden sollen.

Unser Tip

☛ **Feste Regeln für den Inhalt eines Testaments gibt es also nicht. Wichtig ist nur, daß eine bestimmte Form eingehalten wird und daß Sie sich möglichst klar ausdrücken, damit später keine Auslegungsschwierigkeiten entstehen.**

Wer kann ein Testament errichten?

Die Fähigkeit, ein Testament zu errichten, wird Testierfähigkeit genannt. Sie ist eine besondere Art der Geschäftsfähigkeit.

Jeder Geschäftsfähige ist auch testierfähig, und das bedeutet: Wer volljährig ist, ist testierfähig und kann sowohl ein privates als auch ein öffentliches Testament errichten (§ 1937 BGB).

Wer dagegen wegen einer krankhaften Störung seiner Geistestätigkeit, wegen Geistesschwäche oder Bewußtseinsstörung die Bedeutung einer von ihm abgegebenen Willenserklärung nicht einsehen und nach dieser Einsicht handeln kann, ist testierunfähig (§ 2229 Abs. 4 BGB).

Früher konnten Volljährige wegen »Geistesschwäche, Verschwendung, Trunksucht oder Rauschgiftsucht« entmündigt werden und dann kein Testament errichten. Eine Änderung hat sich durch das Betreuungsgesetz ergeben, das am 1. Januar 1992 in Kraft trat. Seit diesem Zeitpunkt gibt es keine Entmündigung mehr.

An die Stelle der Entmündigung wurde mit dem Betreuungsgesetz eine »Betreuung« eingeführt. Ein Betreuter kann in lichten Momenten durchaus ein gültiges Testament errichten. Unwirksam ist es jedoch, wenn er im Zeitpunkt der Errichtung nicht in der Lage war, die Bedeutung seiner Willenserklärung einzusehen.

! Bei Erbstreitigkeiten wird also nach dem neuen Recht in vielen Fällen zu klären sein, ob der Erblasser bei der Testamentserrichtung geschäftsunfähig und damit testierunfähig war. Das muß genau bewiesen werden.
Nach altem Recht entstand ein solcher Zweifel nicht, wenn der Erblasser entmündigt war; denn damit war das Testament in jedem Fall unwirksam.

Unser Tip

☛ Wenn Zweifel an der Testierfähigkeit bestehen, sollte ein Testament möglichst mit Hilfe eines Notars abgefaßt werden. Der Notar ist verpflichtet, sich von der Testierfähigkeit des Erblassers zu überzeugen und das im Protokoll festzuhalten. Wenn ein alter Mensch nicht mehr in der Lage ist, den Notar aufzusuchen, muß der Notar notfalls zu ihm kommen.

Testierfähigkeit bei Minderjährigen

Ein Minderjähriger, der 16, aber noch nicht 18 Jahre alt ist, kann kein eigenhändiges Testament errichten. Die Betonung liegt hier auf dem Wort »eigenhändig«, denn ein Minderjähriger, der das 16. Lebensjahr vollendet hat, ist bereits testierfähig (§ 2229 Abs. 1 BGB). Die Zustimmung des Vaters, der Mutter oder eines Vormunds braucht er dazu nicht.

! Er kann jedoch sein Testament nur mit Beratung einer Amtsperson errichten. Das heißt, er muß seinen Letzten Willen vor einem Notar erklären oder einem Notar eine offene Schrift mit seinem

Testament übergeben und sich beraten lassen. Ein Testament, das er in einem verschlossenen Kuvert übergeben würde, hätte wiederum keine Gültigkeit.

Jugendliche unter 16 Jahren haben rechtlich keine Möglichkeit zu bestimmen, wer von ihnen etwas erben soll. Stirbt ein Kind, tritt stets die gesetzliche Erbfolge ein. Auch wenn es sich um ein großes Vermögen handelt, ist es nicht möglich, daß etwa ein Elternteil oder ein gesetzlicher Vertreter das Testament für das Kind errichtet.

Ungültige Testamente

Das von einem entmündigten Erblasser vor dem 1. Januar 1992 errichtete Testament ist und bleibt auch nach dem 1. Januar 1992 unwirksam. Denn die Fähigkeit zur Errichtung einer Verfügung von Todes wegen wird nach dem Recht beurteilt, das galt, als das Testament verfaßt wurde.

Wenn jemand ein Testament errichtet und später seine Testierfähigkeit verliert, so berührt das die Gültigkeit nicht.

Hat umgekehrt ein Testierunfähiger ein Testament errichtet und wird später testierfähig, bleibt sein Testament trotzdem ungültig. Er muß seinen Letzten Willen noch einmal neu niederlegen.

Wer das, was er – handschriftlich – schreibt, nicht lesen kann – also ein Blinder oder fast Blinder, aber auch ein Analphabet – kann ebenfalls kein eigenhändiges Testament errichten. Er kann seinen Letzten Willen aber vor einem Notar mündlich erklären.

Wie muß das private Testament aussehen?

Für das private Testament gibt es strenge Formvorschriften. Es muß von Anfang bis zum Ende eigenhändig vom Erblasser geschrieben sein und seine persönliche Unterschrift tragen (§ 2247 BGB).

Worauf es geschrieben ist und ob Rechtschreibfehler darin enthalten sind, spielt keine Rolle. Man kann seinen Letzten Willen auf einen Zettel mit Fettflecken oder in lateinischer Sprache auf Büttenpapier niederlegen – beides gilt gleichermaßen, sofern die sonstigen Voraussetzungen – Eigenhändigkeit und Unterschrift – erfüllt sind und der Text lesbar ist.

Dem Testament muß man allerdings anmerken, daß es ernsthaft gedacht ist und daß es sich nicht nur um einen Entwurf oder Scherz handelt. Wer sein Testament auf einem Bierdeckel notiert, dürfte größere Probleme bei den Erben auslösen!

Unsere Tips

- ☛ Unlesbare Teile im Testament sind unwirksam, Anmerkungen anderer oder maschinengeschriebene Einschübe machen dagegen das ganze Testament ungültig und lassen die gesetzliche Erbfolge eintreten. (Für das gemeinsame Testament von Ehegatten gelten besondere Vorschriften; sie werden an anderer Stelle erläutert.)

- ☛ Auch ein komplett mit Schreibmaschine (oder Computer) getipptes Testament ist unwirksam, selbst wenn es die Unterschrift des Erblassers trägt. Dieser »Letzte Wille« ist rechtlich bedeutungslos, auch hier tritt die gesetzliche Erbfolge ein.
  Die eigenhändige Niederschrift ist deshalb so wichtig, weil sich durch den Vergleich der Handschrift besser feststellen läßt, ob ein Testament echt oder gefälscht ist.

- ☛ Es ist auch nicht zulässig, daß etwa ein Kranker seiner Frau den Text für sein Testament diktiert, den er dann nur noch unterschreibt: Auch dieses Testament ist ungültig.

Die Unterschrift

Die Unterschrift soll den Vornamen und den Familiennamen des Erblassers enthalten und muß am Ende der Erklärung stehen. Es genügt nicht, daß jemand seine Identität zwar am Anfang zum Ausdruck bringt – »Ich, Rita Müller, erkläre hiermit . . .« –, am Ende aber die Unterschrift wegläßt. Ohne Unterschrift ist ein Testament formungültig.

! Die Unterschrift muß auch wirklich am Schluß der letztwilligen Verfügung stehen. Damit soll klargestellt werden, daß das Testament abgeschlossen ist. Nachsätze nach der Unterschrift haben keine Gültigkeit, wenn sie nicht erneut eigenhändig unterschrieben werden. Alles, was vor der Unterschrift steht, wird von ihr gedeckt, nichts aber, was dahinter steht.

Unsere Tips

☛ Wenn Sie ein Testament errichten, das aus mehreren losen Blättern besteht, müssen Sie nicht unbedingt jede einzelne Seite unterschreiben. Aber achten Sie darauf, daß sich durch die Auswahl des Papieres, durch die Schrift und Numerierung gut erkennen läßt, wie die Seiten zusammenhängen und daß kein Zusatz beigefügt wurde.

☛ Unterschreiben Sie möglichst mit Ihrem Vor- und Zunamen. Das Gesetz gibt zwar die Möglichkeit, auch auf andere Weise zu unterzeichnen, also etwa mit »Euer Vater« oder »Eure Monika«. Doch es ist sicherer, erst gar keine Zweifel daran entstehen zu lassen, von wem das Testament geschrieben worden sein könnte.
Dazu gehört übrigens auch, daß die Unterschrift identifizierbar ist!

Zeit und Ort

Weitere Formvorschriften gibt es nicht. Sie müssen also auch keine Überschrift über das Schriftstück schreiben wie »Testament«, »Mein Letzter Wille« oder »Letztwillige Verfügung«; es genügt, daß sich aus dem Inhalt Ihre Absicht ergibt, mit diesem Text Ihren Letzten Willen zu erklären.

Nicht einmal die Angabe von Ort und Datum der Testamentserrichtung sind zwingend vorgeschrieben. Das Gesetz sagt nur, daß Ort und Datum angegeben werden sollten.

Fehlen sie, wird das Testament dadurch nicht ungültig (§ 2247 Abs. 2 BGB).

! Kritisch wird es jedoch dann, wenn sich durch das Fehlen dieser Angaben Zweifel an der Echtheit und Gültigkeit des Testamentes ergeben. Die letztwillige Verfügung wird in diesem Fall nur dann als gültig angesehen, wenn sich anderweitig erforschen läßt, ob sie die letzte ist, die der Erblasser selbst getroffen hat.
Es kommt auch manchmal vor, daß die Erben im Nachlaß zwei Testamente finden, die sich widersprechende Verfügungen enthalten. Wenn sich nicht herausfinden läßt, welches Testament als letztes errichtet worden ist, gibt es Probleme. Ist nur ein Testament datiert, so geht es, falls sich der Zeitpunkt der Errichtung des zweiten Testaments nicht mehr ermitteln läßt, dem undatierten vor; dann gilt nur das datierte Testament.

Unsere Tips

☛ Aus diesen Gründen sollten Sie in Ihrem Testament unbedingt Tag, Monat und Jahr der Errichtung angeben und den Ort, an dem Sie es niedergeschrieben haben.

☛ Es kann sogar wichtig sein, die Stunde der Testamentserrichtung anzugeben. So ist es durchaus schon vorgekommen, daß z. B. ein gutmütiger alter Vater im Krankenhaus nach Verwandtenbesuchen morgens den einen Stamm und am Nachmittag einen anderen Stamm seiner Familie testamentarisch als Erben eingesetzt hat!

☛ Von besonderer Bedeutung wird die Angabe von Zeit und Ort übrigens auch dann, wenn der Erblasser zeitweilig geschäftsunfähig war, so daß er kein wirksames Testament errichten konnte. Wenn ein Testament von ihm gefunden wird, muß versucht werden, die Zeit der Errichtung zu ermitteln. Gelingt das nicht, ist das Testament nichtig.

Wo wird das private Testament aufbewahrt?

Ein privates Testament kann überall aufbewahrt werden, der Gesetzgeber hat keinen bestimmten Platz dafür vorgeschrieben. Sie können es also offen oder verschlossen in Ihren Schreibtisch legen oder auch einem vertrauenswürdigen Freund zur Aufbewahrung übergeben.

! Wenn jemand ein Testament zur Aufbewahrung oder aus einem anderen Grunde in seinem Besitz hat, ist er gesetzlich verpflichtet, diese Urkunde sofort bei Eintreten des Erbfalls beim Nachlaßgericht abzuliefern. Diese Pflicht gilt auch für die Erben. Das Gericht wird dann einen Termin ansetzen, in dem der Inhalt des Testaments förmlich bekanntgegeben wird. Beteiligte, die zu diesem Eröffnungstermin nicht erscheinen, werden von Amts wegen von den Verfügungen, die sie betreffen, unterrichtet.

Die besondere amtliche Verwahrung

Wenn in der Familie bereits Streitigkeiten herrschen, sollte ein privatschriftliches Testament – um Fälschungen oder die Vernichtung zu verhindern – vorsichtshalber nicht in der Wohnung herumliegen, sondern in die »besondere amtliche Verwahrung« gebracht werden. Es wird damit nicht zu einem öffentlichen Testament, sondern bleibt ein privates. Zuständig für die amtliche Verwahrung von Testamenten sind alle Amtsgerichte. Sinnvoll ist es aber, die letztwillige Verfügung beim Amtsgericht des eigenen Wohnsitzes zu hinterlegen, da es später auch für die Eröffnung des Testamentes maßgebend ist.

! Durch die amtliche Verwahrung wird das Testament nicht nur geschützt, sondern es ist dadurch auch sichergestellt, daß es nach dem Tod des Erblassers sofort eröffnet werden kann.
Für das vom Amtsgericht in Verwahrung genommene Testament erhält der Erblasser einen sogenannten Hinterlegungsschein.
Er kann jederzeit sein Testament zurückverlangen. Anders als beim öffentlichen Testament gilt das private Testament nicht automatisch als widerrrufen, wenn es dem Erblasser aus der amtlichen Verwahrung zurückgegeben wird.

Kann ein Testament widerrufen werden?

Die Aufhebung Ihrer letztwilligen Verfügung liegt ganz bei Ihnen. Sie können Ihr Testament jederzeit ohne jeden Grund ganz oder teilweise widerrufen (§ 2253 BGB).

Beispiel:
Eine kinderlose Witwe bestimmt in ihrem Testament ihre Nichte zur Alleinerbin und veranlaßt sie durch Hinweis auf das Testament dazu, sie intensiv zu pflegen. Kurz vor ihrem Tod setzt sie jedoch ihre Schwester zur Alleinerbin ein – so, wie sie es von Anfang an vorgehabt hat. Die Nichte erbt nichts.

Unter bestimmten Voraussetzungen hat diese Nichte jedoch einen Geldanspruch gegenüber der Verstorbenen (z.B. als Schadenersatz für den durch die Täuschung verursachten Verzicht auf Entlohnung der Pflegedienste gemäß § 823 oder § 826 BGB). Für eine solche Nachlaßverbindlichkeit haftet die Erbin.

In diesem Fall ist das erste Testament durch das zweite widerrufen, denn ein Testament gilt als widerrufen, wenn in einem neuen Testament Verfügungen getroffen werden, die sich mit den früheren Bestimmungen nicht vereinbaren lassen (§ 2254 BGB).

Unsere Tips

☛ Das Widerrufstestament muß jedoch nicht in der Form errichtet werden, in der das zu widerrufende Testament errichtet wurde. Sie können also ein notarielles Testament auch durch ein privates Testament oder durch ein Nottestament widerrufen.

☛ Ein Testament ist ein reines Widerrufstestament, wenn es zum Ausdruck bringt, das frühere Testament solle nicht mehr gelten. Wird auch später keine neue Erbeinsetzung vom Erblasser vorgenommen, tritt bei seinem Tode die gesetzliche Erbfolge ein.
Sie können Ihr Testament aber auch – allein oder vor Zeugen – zerreißen, verbrennen oder auf eine andere Art vernichten; Sie können auch »ungültig« darauf schreiben. Wenn Sie den Text durchstreichen, muß eindeutig erkennbar sein, daß Sie den folgenschweren Strich gezogen haben!

☛ Das öffentliche Testament gilt bereits als widerrufen, wenn Sie die beim Nachlaßgericht verwahrte öffentliche Urkunde abholen, um den Inhalt zu Hause noch einmal in aller Ruhe gründlich zu studieren oder um Ihren Angehörigen zu zeigen, daß Sie sie als Erben eingesetzt haben.
Wenn Sie die Urkunde nach einigen Tagen wieder in amtliche Verwahrung bringen, wird dadurch der Widerruf nicht wieder beseitigt.

☛ Falls Sie diesen Letzten Willen unverändert aufrechterhalten wollen, so müssen Sie den Inhalt entweder in einem privaten Testament von neuem niederlegen. Oder Sie müssen noch einmal den Gang zum Notar antreten und dort ein neues Testament errichten!

☛ Wenn Sie nicht sicher sind, ob von Ihnen nicht noch ein früheres privates Testament existiert, sollten Sie jedem neuen Testament den Satz voranfügen: »Vorsorglich widerrufe ich alle früheren Verfügungen von Todes wegen.«

Das ordentliche öffentliche Testament

Wann Sie lieber zum Notar gehen sollten

Wenn ein größeres Vermögen zu verteilen ist oder wenn die Familienverhältnisse kompliziert sind, empfiehlt sich ein öffentlichesTestament. Die Gebühren, die dafür entstehen, sind in jedem Fall geringer als die denkbaren Schäden, die bei einem größeren Vermögen durch ein unsachgemäßes eigenes Testament entstehen könnten – wie etwa teure Prozesse.

Ein öffentliches Testament wird errichtet, indem der Letzte Wille entweder

- mündlich gegenüber dem Notar erklärt oder
- selbst schriftlich abgefaßt und dem Notar – offen oder verschlossen – übergeben wird.

Unser Tip

☛ **Öffentliche Testamente können auch vor deutschen Konsularbeamten errichtet werden.**

Vorteile eines öffentlichen Testaments

Bei einem notariellen Testament können kaum Zweifel an der Echtheit entstehen. Es ist auch nicht möglich, daß es später gefälscht oder mit unerwünschten Ergänzungen versehen wird, da es stets beim Amtsgericht aufbewahrt werden muß. Holt man es von dort ab, wird es ungültig.

! Daß es auch durch die privatschriftliche Errichtung eines neuen Testaments widerrufen wird, haben wir bereits erwähnt.

Im übrigen erspart ein notarielles Testament in einigen Fällen die sonst nötige und kostenpflichtige Beschaffung eines Erbscheins, mit dem die Erben ihre Ansprüche Dritten gegenüber beweisen müssen: Die vom zuständigen Amtsgericht beglaubigte Abschrift des notariellen Testaments mit dem Eröffnungsvermerk tritt an die Stelle eines Erbscheins, wenn z. B. beim Grundbuchamt ein Grundstück auf die Erben überschrieben werden soll.

Bei einem öffentlichen Testament können Sie außerdem ganz sicher sein, daß Ihr Letzter Wille wirklich erfüllt wird, da sichergestellt ist, daß es nach Ihrem Tod eröffnet wird.

Beim eigenhändigen Testament, das Sie ja nicht in amtliche Verwahrung bringen müssen, besteht dagegen die Möglichkeit, daß es nach Ihrem Tod nicht gefunden oder von jemandem beiseite geschafft wird, der sich dadurch Vorteile verspricht.

Der größte Vorzug eines notariellen Testaments besteht aber wohl in seiner Rechtssicherheit. Aufgabe des Notars ist es, den Willen des Erblassers zu erforschen, den Sachverhalt zu klären, den Erblasser über die rechtliche Tragweite der Verfügung zu belehren und dessen Erklärungen klar und unzweideutig in der Niederschrift wiederzugeben.

Wenn ihm eine Schrift offen übergeben wird, soll er davon Kenntnis nehmen und auf etwaige Bedenken aufmerksam machen. Auch bei der Übergabe einer verschlossenen Schrift soll der Notar belehren; er darf sich aber den Inhalt nicht ohne Willen des Erblassers anschauen.

Der Notar kann Ihnen außerdem in Fragen zur Erbschaftssteuer wichtige Hinweise geben.

Kosten eines notariellen Testaments

Die Gebühr für ein notarielles Testament richtet sich nach dem Wert des Nachlasses. Sie beträgt beispielsweise:

Wert des Vermögens:	**Gebühr:**
10 000 DM	80 DM
50 000 DM	160 DM
100 000 DM	260 DM
200 000 DM	410 DM
	+ MwSt

Je höher die Werte, desto höher die Gebühren! Wenn ein Erbvertrag oder ein gemeinschaftliches Testament beurkundet wird, verdoppelt sich die Gebühr.

! Für die amtliche Verwahrung des Testaments muß dann noch einmal ein Viertel dieser Gebühr bezahlt werden. Bei einem Vermögen von 100 000 DM müßten also insgesamt 325 DM an Gebühren bezahlt werden: 260 DM + 65 DM; dazu kommt noch die Mehrwertsteuer.

In den neuen Bundesländern sind die Gebühren für Handlungen, die ein dortiger Notar oder das dortige Nachlaßgericht vornimmt, vorläufig noch um 20 Prozent ermäßigt. (Stand Februar 1994)

Der Notar

Ein ordentliches öffentliches Testament kann nur von einem Notar (in Ausnahmefällen von einem Berufskonsul) errichtet werden. Zeugen sind normalerweise nicht erforderlich.

Sie können zu jedem Notar innerhalb Ihres Oberlandesgerichtsbezirks gehen; jeder Notar, der dort seinen Amtssitz hat, ist für Sie zuständig.

! In Ausnahmefällen dürfen Notare aber auch Amtshandlungen außerhalb ihres Amtsbezirks vornehmen, wenn Gefahr im Verzug ist oder die Aufsichtsbehörde es genehmigt.

Die Niederschrift des Testaments

Über die Errichtung des Testaments nimmt der Notar eine Niederschrift auf. Diese Niederschrift mit der Erklärung Ihres Letzten Willens wird Ihnen dann zur Genehmigung vorgelesen. Wenn Sie mit allem einverstanden sind, unterschreiben Sie eigenhändig; auch der Notar muß die Niederschrift eigenhändig unterschreiben.

Sie kommt dann in einen Umschlag, der mit dem Prägesiegel verschlossen wird. Danach wird das Testament ins Amtsgericht gebracht, Sie erhalten einen Hinterlegungsschein.

! Sollten Sie das Testament eines Tages aus der amtlichen Verwahrung holen – wozu Sie jederzeit berechtigt sind –, gilt das als Widerruf!

Wie erfahren die Erben vom notariellen Testament?

Wenn Sie ein notarielles Testament errichten, wird es beim Nachlaßgericht in amtliche Verwahrung gegeben. Das Nachlaßgericht verständigt daraufhin Ihr Geburtsstandesamt davon. Das Standesamt, welches eines Tages Ihren Tod beurkunden wird, verständigt Ihr Geburtsstandesamt darüber – und das teilt dieses Ereignis dann automatisch dem Nachlaßgericht mit. Dort wird daraufhin unverzüglich die Testamentseröffnung eingeleitet.

Was sind Nottestamente?

Wenn jemand sich in Lebensgefahr befindet und es ihm deshalb nicht mehr möglich ist, zur Errichtung eines Testaments einen Notar hinzuzuziehen, sieht das Gesetz als Ausweg mehrere Arten von Nottestamenten vor: das Bürgermeistertestament, das Dreizeugentestament und das Seetestament.

Solch ein Nottestament könnte z. B. bei einem Verkehrsunfall oder einem anderen Unglück erforderlich werden oder bei einer plötzlichen schweren Erkrankung. In der Praxis kommen Nottestamente allerdings nur selten vor. Zum einen, weil sich häufig doch noch rechtzeitig ein Notar findet. Zum anderen, weil der betroffene Erblasser auch in so einem Fall, in dem die Voraussetzungen für ein Nottestament gegeben sind, häufig noch ein eigenhändiges Testament errichten kann und das auch tut.

! Nottestamente bleiben nur drei Monate lang gültig. Sie gelten als nicht errichtet, wenn der Erblasser nach dieser Zeit noch lebt. Diese Dreimonatsfrist beginnt jedoch nicht oder läuft nicht weiter, solange der Erblasser zwar weiterhin lebt, aber kein neues Testament errichten kann, weil er sich z. B. im Koma befindet.

Der Inhalt des Testaments

Das Erbrecht ist – wie das Recht auf Eigentum – im Grundgesetz garantiert. Welche erbrechtlichen Verfügungen Sie im einzelnen treffen und später wieder ändern, ist Ihnen freigestellt.

Die Testierfreiheit ist unbeschränkbar. Ein Vertrag, durch den sich jemand verpflichtet, ein bestimmtes Testament zu errichten oder nicht zu errichten, aufzuheben oder nicht aufzuheben, ist nichtig.

Eine Einschränkung Ihrer Freiheit besteht lediglich im Pflichtteilsrecht, in der Bindung an wechselbezügliche gemeinschaftliche Testamente und in der Rechtsgestaltung des Erbvertrags. Außerdem ist die Testierfreiheit dort zu Ende, wo das Testament gegen die guten Sitten verstößt und damit nichtig ist.

Letztwillige Verfügungen: Was Sie darin regeln können

Es geht um einen der wichtigsten Texte Ihres Lebens

Zu Ihrer Testierfreiheit gehört, daß Sie

- von der gesetzlichen Erbfolge abweichend einen oder mehrere Erben bestimmen können;
- jemanden enterben können. Den Pflichtteil können Sie jedoch nur unter eng begrenzten Voraussetzungen entziehen, z. B. wenn

Sie von dem Betreffenden vorsätzlich körperlich mißhandelt wurden;
- Ersatzerben bestimmen, etwa für den Fall, daß die zum Erbe bestimmte Person vor Ihnen stirbt;
- Vor- und Nacherben bestimmen, die dann zeitlich nacheinander Erben des Vermögens werden;
- bei mehreren Erben bestimmen, wie der Nachlaß geteilt werden soll;
- die Teilung des Nachlasses ganz oder teilweise für eine bestimmte Zeit ausschließen, etwa um einen Familienbetrieb zu erhalten;
- einen Testamentsvollstrecker ernennen, der die Anordnung in Ihrem Testament ausführt;
- Vermächtnisse aussetzen, z. B. einzelne Nachlaßgegenstände oder bestimmte Geldbeträge bestimmten Personen zuwenden.

! Eine wichtige Voraussetzung ist jedoch: Derjenige, den Sie in Ihrem Testament zum Erben einsetzen, muß erbfähig sein.
Rechtsfähig und damit erbfähig sind natürliche und juristische Personen. Tiere können demnach nicht Erben sein.
Das muß so sein, weil im Zeitpunkt des Todes eines Menschen all diejenigen Rechte und Pflichten auf den Erben übergehen, die mit dem Tod nicht erlöschen. Tiere könnten diese Rechte und Pflichten nicht wahrnehmen.
Vereine oder Kirchen sind dagegen juristische Personen und können erben.

Unser Tip

☛ **Wenn Sie also Ihren Hund zum Erben einsetzen sollten, wäre diese Erbeinsetzung nichtig. Die Folge in so einem Fall: Es tritt die gesetzliche Erbfolge ein.**
Sie können in Ihr Testament jedoch eine Auflage einbauen, in der Sie Ihre Erben verpflichten, gut für Ihren Hund zu sorgen!

Die Bestimmung des Erben

Genau wie bei der gesetzlichen Erbfolge wird der durch ein Testament eingesetzte Erbe der Gesamtrechtsnachfolger des Erblassers. Das Nachlaßvermögen vereinigt sich mit seinem eigenen Vermögen, ohne daß dazu noch ein weiterer Rechtsakt nötig ist.

Der Erbe wird also Eigentümer der Nachlaßgegenstände und Gläubiger aller Forderungen des Erblassers. Er erbt aber andererseits auch alle Verbindlichkeiten und muß für die Schulden des Nachlasses einstehen.

Es ist also von großer Bedeutung, ob jemand Erbe wird oder ob ihm nur in sonstiger Weise etwas aus dem Nachlaß zugewendet wird.

! Wenn Sie ein Testament errichten, müssen Sie dafür sorgen, daß ein Erbe (oder mehrere Erben) tatsächlich eingesetzt wird! Nur der Erbe ist zur Verwaltung und Abwicklung des Nachlasses berechtigt. Und das heißt: Nur der Erbe (oder die Erben) erhält einen Erbschein; nur der Erbe haftet für die Nachlaßverbindlichkeiten.

Häufig wird nämlich der Fehler begangen, daß jemand in seinem Testament nur aufzählt, welche Personen bestimmte Gegenstände bekommen sollen. So verteilen ältere Leute ohne nahe Angehörige nicht selten im Testament ihr Hab und Gut unter ihren Freunden oder hilfreichen Personen aus ihrer Umgebung:

> »Meiner Freundin Hanna Otto vermache ich meine Barockkommode. Meine Freundin Klara Weber soll meinen gesamten Schmuck bekommen. Der Hausmeister Karl Schulz soll mein Auto erhalten.«

Doch damit werden im gesetzlichen Sinn keine Erben eingesetzt, sondern hier werden nur Vermächtnisse ausgesetzt (über die Sie an anderer Stelle noch ausführlich lesen können).

! Ein Vermächtnis begründet jedoch nur eine Forderung des Bedachten gegen den sogenannten Beschwerten, also (in der Regel) den Erben.

Die Bedachten haben aber nur einen Anspruch gegen die Erben auf Herausgabe der Gegenstände, sie können sie nicht einfach selbst aus der Wohnung holen, während der Erbe auch Eigentümer der Nachlaßgegenstände wird, die er laut Testament weitergeben muß.

! Wenn – wie im geschilderten Fall – im Testament niemand als Erbe eingesetzt wird, sondern nur Vermächtnisse ausgesetzt werden, tritt die gesetzliche Erbfolge ein.

Wenn jemand in seinem Testament jedoch schreibt: »Mein Haus und mein Sparguthaben vermache ich meiner Nichte Renate. Mein Neffe Anton soll die Fotoausrüstung erhalten«, setzt er sprachlich gesehen ebenfalls nur Vermächtnisse aus.

Er verfügt aber mit dem Haus und dem Sparguthaben praktisch über sein gesamtes Vermögen, während die Fotoausrüstung nur einen kleinen Bruchteil seines Vermögens ausmacht.

Es kommt also darauf an, was der Erblasser wirklich gewollt hat. Wollte er nicht mit der Zuwendung fast seines gesamten Vermögens an seine Nichte Renate diese trotz des Gebrauchs des Begriffes »vermachen« zu seiner Gesamtrechtsnachfolgerin ernennen und damit zur Erbin einsetzen?

Das Gesetz gibt hierzu eine allgemeine Auslegungsregel (§ 2087 BGB), die besagt: »Hat der Erblasser sein Vermögen oder einen Bruchteil seines Vermögens dem Bedachten zugewendet, so ist die Verfügung als Erbeinsetzung anzusehen, auch wenn der Bedachte nicht als Erbe bezeichnet ist.«

Und weiter heißt es dort: »Sind dem Bedachten nur einzelne

Gegenstände zugewendet, so ist im Zweifel nicht anzunehmen, daß er Erbe sein soll, auch wenn er als Erbe bezeichnet ist.«

Im genannten Beispiel ergibt die Auslegung des Testaments, daß die Nichte Renate Alleinerbin werden soll, während Neffe Anton die Fotoausrüstung als Vermächtnis bekommt.

Die Verteilung – hier Haus und Bargeld, dort einzelne Gegenstände – läßt darauf schließen, daß diese Auslegung dem wirklichen oder mutmaßlichen Willen des Erblassers entspricht.

Es ist aber immer besser, selbst schon bei der Testamentserrichtung in voller Klarheit die sachdienlichen Bestimmungen zu formulieren. Das Testament der älteren Dame aus dem obigen Beispiel hätte also besser folgendermaßen gelautet:

»Ich setze meine Freundin Hanna Otto zu meiner alleinigen Erbin ein. Ich setze folgende Vermächtnisse aus: Meine Freundin Klara Weber erhält meinen gesamten Schmuck. Hausmeister Karl Schulz erhält meinen Pkw ...«

Ein solches Testament hat noch einen Vorteil: Der Erbe erhält auch diejenigen Gegenstände aus dem Vermögen, die in der Aufzählung eventuell vergessen wurden!

! In Ihrem Testament können Sie also eine oder mehrere Personen zu Ihrem Gesamtnachfolger einsetzen.

Einsetzung eines Alleinerben

Am einfachsten ist der Fall, wenn das Vermögen an einen Alleinerben gehen soll. Dann genügt es, wenn Sie eigenhändig einen Text mit etwa diesem Inhalt schreiben:

```
Mein Letzter Wille

Ich hinterlasse mein gesamtes Vermögen meiner Nichte
Grete Riedel.

Duisburg, den 30. Juni 1996, Unterschrift
```

Einsetzung mehrerer Erben

Wenn mehrere Personen erben sollen, entsteht im Erbfall eine Miterbengemeinschaft. Es liegt bei Ihnen, auch die Bruchteile zu bestimmen, zu denen die Miterben eingesetzt werden sollen.

Es können allerdings später bei der Auslegung des Testaments Schwierigkeiten entstehen, wenn der Erblasser die Bruchtteile nicht richtig angegeben hat.

Damit der Letzte Wille des Verstorbenen möglichst genau erfüllt werden kann, gibt es folgende Auslegungsregeln:

- Wenn die vom Erblasser bestimmten Bruchteile nicht das Ganze erschöpfen, besteht die Möglichkeit, daß der Erblasser bewußt nur über einen Bruchteil des Nachlasses letztwillig verfügen wollte. Für den Rest tritt die gesetzliche Erbfolge ein (§ 2088 BGB).
- Denkbar ist auch, daß der Erblasser über den ganzen Nachlaß verfügen wollte, sich aber verrechnet hat. Dann werden die Bruchteile verhältnismäßig erhöht (§ 2089 BGB).

Was nun gilt, ist eine Auslegungsfrage. Wenn die vom Erblasser bestimmten Bruchteile das Ganze übersteigen, so tritt eine verhältnismäßige Minderung der Bruchteile ein (§ 2090 BGB).

Beispiel:

Wenn von drei Erben 1, 2, 3 laut Testament einer die Hälfte, einer ein Viertel und einer ein Drittel erben soll, lautet die Rechnung:
6/12 + 3/12 + 4/12 = 13/12

Dann wird im Verhältnis 6 : 3 : 4 gemindert:

- Erbe 1 erhält 6/13
- Erbe 2 erhält 3/13
- Erbe 3 erhält 4/13

Wenn Sie mehrere Erben einsetzen, ohne die Bruchteile zu bestimmen, wird später zunächst versucht werden, die Erbteile durch Auslegung zu ermitteln.

! Gelingt das nicht, greift die Auslegungsregel des § 2091 BGB ein: Alle sind zu gleichen Teilen eingesetzt. Die gesetzlichen Erben werden dabei nach dem Verhältnis ihrer gesetzlichen Erbteile bedacht.

Vor- und Nacherbschaft

Sie können in einem Testament auch eine sogenannte Vor- und Nacherbschaft anordnen. Bei dieser Form bestimmt der Erblasser einen Vorerben und einen Nacherben. Der Vorerbe kann über das ererbte Vermögen nicht mehr testamentarisch verfügen. Es fällt mit seinem Tod automatisch dem Nacherben zu.

Der Text eines solchen Testaments lautet dann:

```
»Ich setze meine Frau zur alleinigen Vorerbin ein.
Nach ihrem Tod sollen meine drei Kinder zu gleichen
Teilen Nacherben sein.«
```

Damit ist gesichert, daß die Kinder das Vermögen des Vaters nach dem Tod der Mutter bekommen.

! Der Vorerbe darf grundsätzlich nichts von der Erbschaft verschenken und auch keine Grundstücke verkaufen, damit für

den Nacherben später noch möglichst viel von der Substanz übrig ist.
Dazu wird im Grundbuch der sogenannte Nacherbenvermerk eingetragen. Will der Vorerbe den Grundbesitz verkaufen, verlangt das Grundbuchamt von sich aus die notariell beglaubtigte Zustimmung des Nacherben. Es kann also nicht hinter dem Rücken des Nacherben verkauft werden!

Der Vorerbe muß den Nachlaß ordnungsgemäß verwalten und hat im wesentlichen nur das Recht, die Erträge des Vermögens für eigene Zwecke zu verbrauchen. Das bedeuteut, daß ihm die Zinsen eines Guthabens oder von Wertpapieren zustehen, daß er die Mietzinsen einziehen, den Garten ernten oder die Nutzung des Waldbesitzes verwerten darf.

Der Nacherbe erhält die Erbschaft normalerweise erst nach dem Tod des Vorerben. Man kann im Testament aber auch einen früheren Zeitpunkt festlegen, z. B. die Wiederverheiratung des Vorerben.

Auch Kinder und Enkel können zu Vor- und Nacherben eingesetzt werden. Dann heißt es im Testament:

```
»Ich setze meinen Sohn Peter Müller als Vorerben ein.
Zum Nacherben setze ich meine Enkelin Petra Müller
ein.«
```

! Geld, das zur Erbschaft gehört, muß bis zum Nacherbfall mündelsicher angelegt werden.

Befreite Vorerbschaft

Von einem Teil der Beschränkungen und Verpflichtungen, der ein Vorerbe zugunsten des Nacherben unterliegt, kann ihn der Erblasser befreien. Das empfiehlt sich z. B., wenn die Erträge eines Vermögens nicht so groß sind, daß die Ehefrau davon leben kann. Dann heißt es im Testament:

```
»Ich setze meine Ehefrau zur alleinigen Vorerbin mei-
nes gesamten Nachlasses ein. Meine drei Kinder sollen
als Nacherben zu gleichen Teilen dasjenige erhalten,
was von der Erbschaft nach dem Tode meiner Frau übrig
sein wird.«
```

Nun kann die Ehefrau als Vorerbin frei über den Nachlaß verfügen. Sie darf, ohne daß die Nacherben dagegen etwas unternehmen können, Gegenstände verkaufen, die zum Nachlaß gehören.

! Allerdings darf auch der befreite Vorerbe grundsätzlich nichts von der Erbschaft verschenken. Untersagt sind auch testamentarische Zuwendungen an Dritte.
Kontrollrechte stehen den Nacherben bei der befreiten Vorerbschaft nicht zu. Sie können nur verlangen, daß der Vorerbe ein Verzeichnis der Nachlaßgegenstände anfertigt und sie zur Aufnahme dieser Gegenstände ins Verzeichnis hinzugezogen werden.

Unsere Tips

☛ Die Vor- und Nacherbschaft ist eine komplizierte Materie. Da hier noch andere gesetzliche Bestimmungen zu berücksichtigen sind und viele Sonderfragen auftauchen können, sollten Sie bei der Errichtung eines entsprechenden Testamentes unbedingt einen Anwalt oder Notar zu Rate ziehen.

☛ Auch an die steuerlichen Gesichtspunkte muß gedacht werden. Ordnen Sie Vor- und Nacherbschaft an, fallen für diese Erbschaft zweimal Steuern an, da sowohl der Vorerbe als auch der Nacherbe diese Abgabe bezahlen muß. Geht jedoch das Vermögen gleich auf die Kinder über und wird beispielsweise die Ehefrau anderweitig abgesichert, können beträchtliche Summen gespart werden.

Einsetzung zum Vorerben in den neuen Bundesländern

Diese Möglichkeit von Vor- und Nacherbschaft war in den neuen Bundesländern früher nicht zugelassen. Seit dem 3. Oktober 1990 besteht sie nun auch dort.

Ersatzerbe

Es ist immer zu empfehlen, im Testament nicht nur einen Erben einzusetzen, sondern auch einen Ersatzerben. Es könnte ja sein, daß der eingesetzte Erbe wegfällt, weil er z. B.

- früher stirbt als der Erblasser oder
- die Erbschaft ausschlägt.

In beiden Fällen tritt der Ersatzerbe an seine Stelle (§ 2096 BGB).

Dieser wird nur Erbe, wenn der zunächst Berufene nicht Erbe geworden ist. Er unterscheidet sich also vom Nacherben, der erst Erbe wird, nachdem zunächst bereits ein anderer Erbe war.

Der Erblasser, der eine bestimmte Person zum Erben eingesetzt hat, will ausschließen, daß bei Wegfall dieser Person sein Erbe an die eigenen gesetzlichen Erben fällt.

Beispiel:
Ein alleinstehender Mann möchte einem Freund, aber nur diesem, sein Vermögen vererben.

Für den Fall, daß dieser Freund vor ihm stirbt, will er es an eine gemeinnützige Stiftung vererben.

Er wird also ein Testament mit folgendem Text verfassen:

```
»Ich setze Jürgen Wagner zu meinem Alleinerben
ein. Sollte er zum Zeitpunkt meines Ablebens
nicht mehr am Leben sein, soll die Deutsche
Stiftung Denkmalschutz als Ersatzerbe an seine
Stelle treten.«
```

Das Vermächtnis

Der große Unterschied zwischen »Vererben« und »Vermachen«

Sie können in Ihrem Testament auch ein Vermächtnis aussetzen, also bestimmen, daß der oder jener einen Geldbetrag oder einen bestimmten Vermögensgegenstand aus Ihrem Nachlaß bekommen soll (§ 1939 BGB).

! Der Bedachte wird damit nicht zum Erben. Das Vermächtnis begründet nur eine Forderung des Bedachten gegen den »Beschwerten«, also in der Regel gegen den Erben.
In der Umgangssprache werden die Begriffe »Vererben« und »Vermachen« häufig unterschiedslos verwendet, unter beiden Begriffen wird von Laien dasselbe verstanden. Juristisch ist das aber falsch!
Auf die Bedeutung des Unterschieds wurde bereits hingewiesen: Der Vermächtnisnehmer ist kein Erbe!

Wichtig: die klare Formulierung

Achten Sie auch darauf, daß der Bedachte (Vermächtnisnehmer) und der vermachte Gegenstand klar bezeichnet sind. Unklar ist z. B. diese Formulierung:

```
»Mein Wohnzimmer mit dem gesamten Inventar vermache
ich meiner Freundin Franziska Müller.«
```

Hier werden sich die Erben fragen: Gehört auch der wertvolle Perserteppich dazu? Ist auch der teure Schrank gemeint, der bei der Abfassung des Testaments im Wohnzimmer stand, später aber in ein anderes Zimmer umgestellt wurde?

Detaillierte Anordnungen sind also wichtig.

! Der Bedachte muß durch das Vermächtnis einen Vermögensvorteil erlangen. Das muß nicht unbedingt durch die Zuwendung eines wertvollen Gegenstandes geschehen, es kann auch eine Forderung bzw. Schuld erlassen oder vermacht werden.
Der Bedachte hat damit das Recht, vom Erben die Leistung des vermachten Gegenstandes zu fordern (§ 2174 BGB). Der Erbe muß den Rechtsübergang, also die Eigentumsübertragung, die Abtretung oder den Erlaß der Forderung bewirken. Die Rechtsfolgen treten nicht – wie beim Erben – automatisch ein. Seinen Anspruch kann der Bedachte notfalls auf dem Klageweg durchsetzen.

Das Vorausvermächtnis

Eine besondere Form des Vermächtnisses ist das sogenannte Vorausvermächtnis. Normalerweise bedenkt der Erblasser solche Personen mit einem Vermächtnis, die gerade nicht Erben werden sollen. Er kann aber auch einem Erben ein Vermächtnis aussetzen, das die Miterbengemeinschaft vorab – das heißt vor der Teilung – an den Erben und Vermächtnisnehmer leisten muß (Vorausvermächtnis).

Der vermachte Gegenstand wird nicht auf das Erbteil angerechnet.

Praktisch wird eine solche Einsetzung eines Erben als Vermächtnisnehmer – ein Vorausvermächtnis –, wenn der Erblasser bestimmte Gegenstände, wie z. B. den Hausrat, eine Sammlung, einem bestimmten Erben zukommen lassen will.

! Dies könnte er auch im Wege einer Teilungsanordnung erreichen. Wenn er ihn aber zusätzlich gegenüber den anderen Erben besserstellen will, bietet sich das Vorausvermächtnis als der geeignete Weg an.

Annahme eines Vermächtnisses

Der Vermächtnisnehmer kann das Vermächtnis durch eine Erklärung gegenüber dem Erben – dem Beschwerten – annehmen oder ausschlagen. Die Erklärung der Annahme oder Ausschlagung bedarf keiner bestimmten Form. Sie muß dem Beschwerten nur in irgendeiner erkennbaren Art und Weise zugehen.

! Eine Ausschlagungsfrist für Vermächtnisse gibt es im Gegensatz zur gesetzlich festgelegten Frist für die Erbschaftsausschlagung nicht.

Hat der Vermächtnisnehmer das Vermächtnis angenommen, etwa durch die Entgegennahme des Gegenstandes oder auf andere erkennbare Weise, so kann er es nicht mehr ausschlagen.

Schlägt er das Vermächtnis aus, so erledigt sich das Vermächtnis hinsichtlich seiner Person.

Der Erblasser kann jedoch, so wie er einen Ersatzerben benennen kann, auch einen Ersatzvermächtnisnehmer benennen.

Die Auflage

Wie Sie Ihre Erben zur Grabpflege verpflichten können

Ihre Möglichkeiten, bindende Verfügungen für den Fall Ihres Todes zu treffen, sind mit der Einsetzung von Erben, mit der Bestimmung von Nacherben oder mit der Aussetzung von Vermächtnissen noch nicht erschöpft.

Sie können Ihren Erben und Vermächtnisnehmern auch bestimmte Verpflichtungen auferlegen, die nach Ihrem Tod zu erfüllen sind. Das nennt man Auflage (§ 1940 BGB). Typische Auflagen sind z. B. Anordnungen, die die Bestattung, den Grabstein und die Grabpflege betreffen.

! Der Erblasser hat das Recht, selbst den Ort und die Art zu wählen, wo und wie er bestattet werden möchte. Und auch über seine Grabpflege kann er sich Gedanken machen und bestimmen, wer sich später einmal um sein Grab kümmern soll. Die Angehörigen sind gehalten, diesen Willen zu beachten.

Unsere Tips

☛ Wenn Sie das gern selbst in die Hand nehmen möchten, sollten Sie am besten ein Bestattungsunternehmen aufsuchen und alles Notwendige dort besprechen, eventuell auch schon entsprechende Vorverträge schließen.

☛ Um ganz sicherzugehen, daß Ihre Anordnungen von den Verwandten auch ausgeführt werden, können Sie die entsprechenden Anordnungen auch bei dem von Ihnen ausgesuchten Beerdigungsinstitut hinterlegen. So schließen Sie aus, daß von den Hinterbliebenen womöglich eine andere (preiswertere?) Variante gewählt wird.

- Wenn jedoch keine Erklärungen zu diesem Thema im Testament stehen, können die nächsten Angehörigen bestimmen, wie der Verstorbene bestattet wird. Der Ehepartner – falls vorhanden – hat dabei ein Vorrecht vor allen übrigen Verwandten.

- Die Auflage über die gewünschte Art der Bestattung ist nur dann sinnvoll, wenn sie rechtzeitig bekannt wird. Da der Inhalt eines Testaments oft erst mit der Eröffnung offenbar wird, also zu einem Zeitpunkt nach der Bestattung, empfiehlt es sich, die betreffende Auflage den Erben vorab mitzuteilen.

- Es gibt auch die Auflage, Teile der Erbschaft für bestimmte Zwecke zu verwenden. Die Auflage unterscheidet sich insofern vom Vermächtnis, als der Begünstigte keinen Anspruch auf Erfüllung der Auflage hat. Beim Vermächtnis hat er dagegen einen einklagbaren Anspruch auf die Erfüllung.

Einsetzung eines Testamentsvollstreckers

Bei streitlustigen Erben kann das eine Hilfe sein

Unter bestimmten Voraussetzungen ist es sinnvoll und notwendig, durch Testament einen Testamentsvollstrecker einzusetzen (§ 2197 BGB).

Das gilt für den Fall, daß ein größeres Vermögen vorhanden ist oder die Erben sehr zahlreich, zerstritten oder unerfahren sind.

! Mit dem Testamentsvollstrecker wird den Erben nicht nur die Verwaltung des Nachlasses entzogen, sondern auch die Verfügungsbefugnis über die einzelnen Gegenstände der Erbschaft. Der Testamentsvollstrecker hat die letztwilligen Verfügungen des Erblassers auszuführen und die Auseinandersetzung unter den Miterben vorzunehmen.

Durch den Testamentsvollstrecker bleibt der Nachlaß handlungsfähig, seine wirtschaftlichen Funktionen laufen weiter und sind nicht blockiert.

Gewöhnlich nimmt es ja eine gewisse Zeit in Anspruch, bis der oder die Erben feststehen und sich als Erben ausweisen können; außerdem muß bei einer Mehrheit von Erben die Verwaltung des Nachlasses gemeinschaftlich erfolgen. Das macht die Nachlaßverwaltung oft schwierig, vor allem wenn Meinungsverschiedenheiten unter der Erbengemeinschaft bestehen.

Rechte und Pflichten des Testamentsvollstreckers

Die Befugnisse und Pflichten, die mit dem Amt des Testamentsvollstreckers verbunden sind, legt das Gesetz im einzelnen fest:

- Er führt den Letzten Willen des Verstorbenen aus.
- Wenn mehrere Erben vorhanden sind, führt er die Auseinandersetzung unter ihnen durch.
- Er muß den Nachlaß nach den Teilungsanordnungen des Erblassers aufteilen. Fehlen solche Anordnungen, hat er ihn möglicherweise auch nach billigem Ermessen und gemäß dem Gesetz aufzuteilen. Vorher muß er daraus jedoch eventuelle Schulden bezahlen.
- Er hat den Nachlaß zu verwalten und ist insbesondere berechtigt, den Nachlaß in Besitz zu nehmen und über die Nachlaßgegenstände zu verfügen, soweit sie seiner Testamentsvollstreckung unterliegen.
- Er ist unabhängig von persönlichen Meinungen und Wünschen der Erben.

! Der Erbe oder die Erben selbst sind während der Dauer der Testamentsvollstreckung zur Verwaltung des Nachlasses nicht berechtigt.

Der Testamentsvollstrecker trifft grundsätzlich alle erforderlichen Bestimmungen und Verfügungen selbständig. Er ist nur der letztwilligen Verfügung und den gesetzlichen Bestimmungen unterworfen und wird auch nicht durch das Nachlaßgericht überwacht.

Bei der Verteilung des Nachlasses unter die Erben ist er nicht an deren Einverständnis gebunden, auch nicht an Weisungen von ihnen. Durch seine Tätigkeit kann eventuellen Streitigkeiten unter der Erbengemeinschaft weitgehend vorgebeugt werden.

Unsere Tips

☛ Niemand ist verpflichtet, das Amt als Testamentsvollstrecker anzunehmen. Deshalb sollten Sie mit dem Menschen, den Sie gern als Ihren Testamentsvollstrecker sehen würden, sprechen und ihm Ihre Vorstellungen mitteilen, damit er Ihren Willen nach Ihrem Tod möglichst genau vollstreckt.

☛ Außerdem sollten Sie in Ihrem Testament eine weitere Person benennen für den Fall, daß derjenige, den Sie dazu ausersehen haben, ausfällt. Sie können aber auch angeben, daß das Nachlaßgericht von sich aus eine geeignete Person mit der Aufgabe betrauen kann.

☛ Die Testamentsvollstreckung endet, wenn der Testamentsvollstrecker die ihm zugewiesenen Aufgaben erledigt hat, spätestens jedoch 30 Jahre nach dem Erbfall.

Die Teilungsanordnung

Wer alles genau aufteilen will, muß gut rechnen können

Der Erblasser hat auch die Möglichkeit, in einer letztwilligen Verfügung eine sogenannte Teilungsanordnung zu treffen (§ 2048 BGB).

Er kann also bestimmen, wie die von ihm eingesetzen Erben den Nachlaß untereinander aufzuteilen haben.

So kann der Erblasser einzelne Nachlaßgegenstände bestimmten Miterben zuweisen oder den gesamten Nachlaß vollständig aufteilen, so daß die Erben die Teilungsanordnung nur noch vollziehen müssen. Das ist für die Teilung des Nachlasses, die wir später behandeln werden, von großer Bedeutung.

Probleme bei der Teilungsanordnung

Bei der Aufnahme einer Teilungsanordnung in Ihrem Testament oder Erbvertrag sollten Sie darauf achten, daß sich die Teilungsanordnung und die Erbeinsetzung inhaltlich nicht widersprechen.

Ein solcher Widerspruch liegt z. B. vor, wenn Sie Ihre beiden Kinder je zur Hälfte als Erben einsetzen und für die Teilung vorschreiben, daß ein zur Erbschaft gehörendes Haus ganz auf ein Kind übertragen werden soll, obgleich der Wert dieses Hauses 70 Prozent des gesamten Nachlaßwertes darstellt.

Wenn Sie also den Übergang eines Grundstücks erreichen wollen, dann sollten Sie auch entsprechende Erbteilsquoten in Ihrem Testament festlegen, in diesem Fall 70 : 30.

! Nimmt ein Erblasser eine Teilungsanordnung in sein Testament auf, deren Durchführung einem Pflichtteilsberechtigten weniger als den Pflichtteil zukommen ließe, so hätte dieser einen Ergänzungsanspruch gegen die übrigen Miterben.
Die Teilungsanordnung steht also auch unter dem Vorbehalt, daß sie Pflichtteilsansprüche nicht beschränken kann.

Alle Unklarheiten in den Teilungsanordnungen müssen im Wege der Testamentsauslegung geklärt werden. Das kann zu schwierigen Streitfragen führen.

Beispiel:
Der verwitwete Vater, dessen Vermögen im wesentlichen aus drei Häusern besteht, setzt seine drei Kinder als Erben ein, ohne bestimmte Quoten festzulegen.

Daraus müßte man zunächst schließen, daß er alle zu gleichen Teilen als Erben einsetzen wollte. Nun hat er aber im Testament noch bestimmt, daß die drei Häuser folgendermaßen auf die drei Kinder verteilt werden sollen:

- der Sohn soll das Mietshaus in der Hauptstraße erhalten;
- die ältere Tochter bekommt das Zweifamilienhaus;
- die jüngere Tochter erhält die Villa am Stadtrand.

Das Mietshaus stellte zum Zeitpunkt der Errichtung des Testaments und auch zum Zeitpunkt des Erbfalls die Hälfte des Gesamtwerts des Nachlasses dar.

Die beiden anderen Häuser waren zur Zeit der Errichtung des Testaments bzw. der Teilungsanordnung gleichwertig.

Nach der Testamentserrichtung hat sich der Wert der Villa am Stadtrand jedoch erhöht und der des älteren Zweifamilienhauses wegen einer neuen, lauten Straße stark gemindert.

Die Villa stellt jetzt 40 Prozent und das Zweifamilienhaus nur noch 10 Prozent des Gesamtwerts der Erbschaft dar.

Der Erblasser hat bei der Abfassung des Testaments gewußt, daß das Geschäftshaus so wertvoll wie die beiden anderen Häuser zusammen war. Dennoch hat er dieses Haus seinem Sohn vererbt.

Hiermit hat er klar zum Ausdruck gebracht, daß er seine Kinder nicht gleich behandeln wollte.

Die beiden benachteiligten Töchter haben deshalb keinen Ausgleichsanspruch gegenüber dem bevorzugten Sohn.

Durch die Wertverschiebung zwischen der Villa und dem Zweifamilienhaus hat jedoch die ältere Tochter jetzt nur 10 Prozent des Wertes des Nachlasses erhalten. Dies ist weniger als ihr Pflichtteil (der im vorliegenden Fall die Hälfte von einem Drittel wäre).

Deshalb hat diese Tochter gegenüber den beiden anderen Erben einen Anspruch in Höhe der Differenz zwischen dem Wert des Hauses und dem Pflichtteil.

! Der Unterschied zwischen *Teilungsanordnung* und *Vermächtniseinsetzung:* Bei der Vermächtniseinsetzung wird einem bestimmten Bedachten nur der Anspruch auf einen bestimmten Vermögensgegenstand zugedacht, dagegen wird in einer Teilungsanordnung der Nachlaß unter den Erben aufgeteilt.
Wenn das, was einzelnen Erben zugeteilt wird, nicht dem Wert ihrer Erbquote, also ihrem Erbanteil entspricht, sind Streitereien nicht ausgeschlossen!

Unser Tip

☛ Deshalb sollte eine Teilungsanordnung nicht in einem privaten Testament, sondern nur mit Hilfe und Beratung eines Rechtsanwalts oder Notars niedergelegt werden.

Der Erbverzicht

Ein folgenschwerer Schritt – auch für Ihre Nachkommen

Verwandte und der Ehepartner eines Erblassers können durch Vertrag mit dem Erblasser auf ihr gesetzliches Erbrecht verzichten.

! Wer verzichtet, ist von der gesetzlichen Erbfolge ausgeschlossen, so als ob er zum Zeitpunkt des Erbfalls nicht gelebt hätte; er hat kein Pflichtteilsrecht.

Ein solcher Verzicht kann seinen Grund darin haben, daß dem Erbanwärter vorab Vermögen zugewandt wird, das der Existenzgründung dient. Der so Begünstigte verzichtet als Gegenleistung auf sein Erbrecht einschließlich des Pflichtteils.

Der Erblasser kann auf diese Weise gerechte Regelungen zwischen seinen Erben schon zu Lebzeiten treffen und so spätere Schwierigkeiten und Streitereien vermeiden.

Denkbar ist auch, daß jemand zugunsten eines bedürftigen Verwandten auf sein gesetzliches Erbrecht verzichtet.

! Ein Erbverzicht wird vor dem Tod eines Erblassers vereinbart und notariell beurkundet. Wenn ein Kind oder Seitenverwandter – Bruder bzw. Schwester, Neffe bzw. Nichte, Vetter bzw. Cousine – auf sein gesetzliches Erbrecht verzichtet, so erstreckt sich die Wirkung des Verzichts auch auf seine Abkömmlinge (§ 2349 BGB).
Wenn das ausgeschlossen werden soll, muß es ausdrücklich im Verzichtsvertrag festgelegt werden.

Die Enterbung

Der Grund dafür muß nicht genannt werden

Niemand hat Anspruch darauf, als Erbe eingesetzt zu werden. Deshalb ist auch niemand verpflichtet, die nächsten Verwandten oder seinen Ehepartner als Erben einzusetzen. Der Erblasser hat sogar das Recht, einen Verwandten oder den Ehegatten im Testament ausdrücklich von der gesetzlichen Erbfolge auszuschließen, ohne einen Erben einzusetzen (§ 1938 BGB).

Das mag hart sein, aber oft gibt es ja auch gute Gründe dafür. Andererseits wird so etwas gelegentlich auch aus reiner Schikane praktiziert.

Die Gründe für die Enterbung müssen nicht angegeben werden.

Wie geht aber nun so eine Enterbung vor sich? Am besten durch ausdrückliche Formulierung: »Ich schließe hiermit meinen Sohn Heiner als Erben aus.«

Falls es bei dieser reinen Ausschlußklausel bleibt (man nennt das ein negatives Testament), so treten nach der Rechtsprechung – das Gesetz schweigt hierzu – an die Stelle des Enterbten diejenigen, die dann Erbe geworden wären, wenn der Enterbte im Zeitpunkt des Erbfalls nicht gelebt hätte.

! Wenn also der Vater seinen Sohn enterbt, ohne einen anderen als Erben einzusetzen, so treten eventuell vorhandene Enkel an die Stelle des enterbten Sohnes.

Üblicherweise beschränkt sich ein Erblasser nicht auf das negative Testament, sondern setzt anstelle des gesetzlichen Erben einen anderen Erben seiner Wahl ein, etwa mit der Formulierung: »Mein Freund Max Huber soll Alleinerbe sein.«

! Ganz wichtig: Die Enterbung der gesetzlichen Erben führt dazu, daß sie nur den Pflichtteil (die Hälfte des gesetzlichen Erbes) erhalten. Darüber später mehr.

Wann ist ein Testament nichtig?

Was heute noch als sittenwidrig gilt – und was nicht

Ein Testament kann aus verschiedenen Gründen nichtig sein. Etwa dann, wenn gegen eine Formvorschrift verstoßen wurde, ein privates Testament also z. B. nicht eigenhändig geschrieben oder unterschrieben wurde.

! Ein nichtiges Testament ist, rechtlich gesehen, überhaupt nicht vorhanden.

Der Inhalt eines Testamentes darf auch nicht sittenwidrig sein. Das Gesetz sagt: »Ein Rechtsgeschäft, das gegen die guten Sitten verstößt, ist nichtig« (§ 138 BGB). Und sittenwidrig ist eine Verfügung, die gegen das »Anstandsgefühl aller billig und gerecht Denkenden« verstößt.

Viele Jahre hindurch wurden in diesem Zusammenhang Bedenken gegen das sogenannte Mätressentestament geltend gemacht, in dem die Angehörigen des Erblassers zugunsten einer Geliebten zurückgesetzt wurden. Die Auffassung darüber hat sich gewandelt, selbst ein getrennt lebender verheirateter Mann kann heute seine Lebensgefährtin testamentarisch bedenken.

! Dagegen wäre es sittenwidrig, wenn jemand durch letztwillige Verfügungen für eine »außereheliche geschlechtliche Hingabe« belohnt oder »zur Fortsetzung der sexuellen Beziehungen« verlockt werden sollte.
Es gibt Umstände, unter denen die Einsetzung von Nichtverwandten unter Übergehung von Verwandten, die Einsetzung einer langjährigen Haushälterin unter Ausschluß der gesetzlichen Erben oder die Einsetzung eines Stiefsohnes unter Übergehung der leiblichen Tochter in der Rechtsprechung nicht als sittenwidrig gesehen werden.
Auch die Einsetzung eines nichtehelichen Kindes zum Alleinerben durch seinen verheirateten Vater, der noch eheliche Kinder hat, gilt nicht als sittenwidrig. Den Angehörigen bleibt in solchen Fällen nur ihr Pflichtteil.

Sonderformen des Testaments

Wenn Sie ein privates oder öffentliches Testament errichtet haben, bleibt Ihre Testierfreiheit dennoch erhalten. Sie können den Inhalt des Testaments jederzeit ändern und abweichende Verfügungen treffen und müssen auch niemanden darüber informieren.

! Es gibt jedoch auch Fälle, in denen die Einschränkung der Testierfreiheit sinnvoll und gewollt ist.
Das trifft zu, wenn man Vermögen als Personengruppe gemeinsam vererben will und die jeweiligen Verfügungen der Erblasser voneinander abhängen oder sich ergänzen sollen.Das kann nur gewährleistet werden, wenn man eine relative Bindung über den Tod eines der Testierenden hinaus bewirkt.
Unser Rechtssystem stellt hierfür zwei Formen zur Verfügung:

- das gemeinsame Testament und
- den Erbvertrag.

Unsere Tips

☛ In beiden Fällen ist die Testierfreiheit des überlebenden Vertragspartners bzw. Ehepartners stark eingeschränkt. Beim Erbvertrag binden sich die vertragschließenden Parteien gegenseitig an die getroffenen Verfügungen. Diese können nur *gemeinsam* von den Personen aufgehoben oder auch geändert werden, die den Erbvertrag geschlossen haben. Dieser Aufhebungs- oder Änderungsvertrag muß notariell beurkundet werden (§ 2290 BGB).

☛ Bei Verfügungen, die in einem gemeinschaftlichen Ehegattentestament getroffen sind, entsteht die Bindungswirkung nur für wechselseitige Verfügungen und erst mit dem Tod des anderen Ehegatten. *Vor* diesem Zeitpunkt kann auch eine wechselbezügliche Verfügung *einseitig* frei widerrufen werden. Ein Gatte muß jedoch den anderen formell unterrichten, wenn er die frühere Erklärung nicht mehr gelten lassen will. Nur durch eine notarielle Erklärung, die dem anderen zugestellt werden muß, kann er sich von der früheren gemeinsamen Verfügung lösen.

Das gemeinschaftliche Testament

Hier muß alles ganz besonders gut überlegt sein

Mit dem gemeinschaftlichen Testament, das nur von Ehegatten gemeinsam errichtet werden kann, werden bestimmte Formen der Testamentserrichtung erleichtert. So genügt es, daß im Gegensatz zum normalen privaten Testament, das ja eigenhändig geschrieben werden muß, ein Ehegatte den Text des gemeinschaftlichen Testaments niederschreibt und unterschreibt.

Der andere Ehegatte muß dann nur mit unterschreiben. Es können aber auch beide ihren jeweiligen Letzten Willen handschriftlich niederschreiben, und beide unterschreiben dann auf derselben Urkunde mit Vor- und Zunamen. Datum und Ortsangabe sollten bei jeder Unterschrift hinzugefügt werden.

! Diese Angaben müssen nicht übereinstimmen, der Ehepartner kann die Erklärung also an einem anderen Ort und zu einem späteren Zeitpunkt unterzeichnen.
Um spätere Zweifel auszuschließen, ist es jedoch besser, beide unterschreiben gleichzeitig.

Unsere Tips

- ☛ Empfehlenswert ist es auch, wenn der mitunterzeichnende Ehepartner nicht nur seine Unterschrift unter den Text setzt, sondern ausdrücklich erklärt: »Das ist auch mein Letzter Wille.«

- ☛ Die einheitliche Urkunde ist nicht zwingend vorgeschrieben. Die letztwilligen Verfügungen eines gemeinschaftlichen Testaments können auch in getrennten Urkunden niedergeschrieben werden. Es muß aber aus dem Inhalt deutlich hervorgehen, daß es sich um ein gemeinschaftliches Testament handelt.
  Die Gefahr von Fehlern in Form und Inhalt ist hierbei groß. Deshalb sollten Sie ein gemeinschaftliches Testament möglichst nur auf einer einheitlichen Urkunde niederlegen oder – wenn Sie auf ausführliche Erklärungen nicht verzichten wollen – die Hilfe eines Anwalts oder Notars in Anspruch nehmen.

- ☛ Inhalt eines gemeinschaftlichen Testaments können voneinander unabhängige Einzelverfügungen der beiden Ehepartner sein. Hier kann man sich den Fall vorstellen, daß zwei Ehegatten, die schon einmal verheiratet waren und von denen jeder ein Kind aus einer früheren Ehe hat, in dem gemeinschaftlichen Testament ihr jeweiliges Kind zum Alleinerben einsetzen.
  Das gemeinschaftliche Testament ist in diesem Fall nur formal ein solches, mit der Folge, daß die oben dargelegten Erleichterungen in der Form eintreten. Ein solches gemeinschaftliches Testament kann auch als gleichzeitiges Testament bezeichnet werden.
  Die Verfügungen – Einsetzung des jeweiligen Kindes als Erbe – sind nicht voneinander abhängig. Deshalb tritt auch keine Bindungswirkung ein. Jeder der beiden Ehegatten kann hier seine Verfügungen wieder ändern, ohne den anderen zu verständigen.

Wechselbezüglichkeit der Verfügungen

Wie Sie sehen, können die Ehegatten in einem Ehegattentestament auch Verfügungen treffen, die nichts mit der Verfügung des anderen zu tun haben. Die häufigste Form des gemeinschaftlichen Ehegattentestaments ist jedoch die des wechselbezüglichen Testaments. Damit ist die gegenseitige Abhängigkeit der Verfügungen voneinander gemeint.

Im Gesetz heißt es darüber: »Haben die Ehegatten in einem gemeinschaftlichen Testament Verfügungen getroffen, von denen anzunehmen ist, daß die Verfügung des einen nicht ohne die Verfügung des anderen getroffen sein würde, so hat die Nichtigkeit oder der Widerruf der einen Verfügung die Unwirksamkeit der anderen zur Folge« (§ 2270 Abs. 1 BGB).

! Die besonderen Rechtswirkungen hinsichtlich des Bestandes der Verfügungen treten also nur ein, wenn die beiden Ehegatten ihre jeweilige Verfügung deshalb so getroffen haben, weil der andere entsprechend verfügt hat wie abgesprochen.
Ob Wechselbezüglichkeit vorliegt, ist manchmal schwer zu erkennen. Wenn Ihnen daran gelegen ist, daß die Verfügungen in Ihrem gemeinschaftlichen Testament als wechselbezüglich klar erkennbar sein sollen, dann vermerken Sie das ausdrücklich darin, etwa so:

```
Gemeinschaftliches Testament
Wir setzen uns gegenseitig zu Alleinerben ein.
Unsere Verfügungen sind wechselbezüglich.
```

Die Bindungswirkung des wechselbezüglichen Testaments

Solange beide Ehegatten noch leben, kann jeder auch seine Verfügungen im gemeinschaftlichen wechselbezüglichen Testament ändern. Der Widerruf ist ihm gestattet. Allerdings muß damit auch der andere Ehepartner wieder frei werden und über sein Erbe verfügen können, denn jeder hat seine Verfügung so getroffen, weil auch der andere entsprechend verfügt hat.

! Aus dem Sinn der Wechselbezüglichkeit der Verfügungen ergibt sich, daß der andere Ehegatte vom Widerruf erfahren muß.

Unsere Tips

☛ Will also einer der Ehegatten ein gemeinschaftliches Testament noch zu Lebzeiten des anderen widerrufen, so kann er dies, wenn er den Widerruf von einem Notar beurkunden und die Urkunde dem anderen Ehegatten zustellen läßt.

☛ Dieser förmliche Widerruf ist auch dann notwendig, wenn das gemeinschaftliche Testament privat errichtet wurde und zu Hause aufbewahrt wird.

☛ Dies schließt natürlich nicht aus, daß die ursprünglichen Bestimmungen in einem zweiten gemeinschaftlichen Testament dadurch widerrufen werden, daß beide Eheleute gemeinsam eine von der ersten gemeinsamen Verfügung abweichende Festlegung treffen. Die spätere – gültige – Verfügung geht der vorausgegangenen immer vor.

☛ Ein gemeinschaftliches Testament kann nur von beiden Ehegatten aus amtlicher Verwahrung zurückgenommen werden (§§ 2256, 2272 BGB).

☛ Nach dem Tode eines der Ehegatten ist der andere an das gemeinschaftliche wechselbezügliche Testament unwiderruflich gebunden, es sei denn, das Testament hat ihn selbst von dieser Bindung freigestellt. (Darüber später mehr.)

Gemeinschaftliches Testament und Ende der Ehe

Nur Eheleute können bekanntlich ein gemeinschaftliches Testament errichten (§ 2265 BGB). Zum Zeitpunkt der Errichtung muß die Ehe schon oder noch bestehen. Dieses Erfordernis macht ein gemeinschaftliches Testament von Verlobten auch dann nichtig, wenn die beiden später heiraten.

! Bei der Errichtung darf die Ehe zudem nicht für nichtig erklärt, aufgehoben oder geschieden worden sein. Wenn sie später für nichtig erklärt wird – was bedeutet, daß sie rechtlich nie bestanden hat –, ist dieser rückwirkenden Annulierung wegen der Punkt, daß die Ehe bei Errichtung des Testaments bestanden haben muß, nicht erfüllt. Damit ist dieses Testament nichtig.

Unsere Tips

☛ Eheaufhebung und Scheidung haben diese rückwirkende Kraft nicht. So ist das gemeinsame Testament zunächst gültig. Man wird aber davon ausgehen müssen, daß die früheren Eheleute kein gemeinschaftliches Testament errichtet hätten, wenn sie mit einer Scheidung gerechnet hätten.

☛ Das gemeinsame Testament ist also nach einer Scheidung regelmäßig unwirksam, es sei denn, ein gegenteiliger Wille der einstigen Ehepartner wäre erkennbar (§§ 2077, 2268 BGB). Falls Sie geschieden sind, verlassen Sie sich aber nicht darauf, daß Ihr gemeinschaftliches Testament mit Ihrem früheren Ehepartner automatisch ungültig geworden ist! Es könnte nämlich sein, daß Umstände vorliegen, aus denen sich ergibt, daß Sie oder Ihr Partner trotz der Scheidung das ganze frühere gemeinschaftliche Testament oder Teile daraus auch weiterhin bestehen lassen wollen. Prüfen Sie vorsichtshalber, ob das der Fall ist – unter Umständen gemeinsam mit einem Rechtskundigen!

Das Berliner Testament

Das gemeinschaftliche Testament wird am häufigsten in der Form des »Berliner Testaments« errichtet. Darin setzen sich die Eheleute gegenseitig zu Alleinerben ein und bestimmen, daß der gesamte Nachlaß erst dann an einen Dritten fällt, wenn auch der zweite Ehegatte verstorben ist (§ 2269 BGB).

! Diese Testamentsform wird gewöhnlich gewählt, wenn Ehegatten füreinander und nach dem Tod des Letztversterbenden für ihre Kinder vorsorgen wollen.

Der Text eines »Berliner Testaments« könnte z. B. lauten:

```
Wir, Alfred und Ute Maier, setzen uns gegen-
seitig zu Alleinerben ein. Nach dem Tod des
Überlebenden soll der Nachlaß zu gleichen Teilen
an unsere Kinder Heidi und Peter fallen.

München, den 13.5.1996, Alfred Maier

Das ist auch mein Letzter Wille.

München, den 13.5.1996, Ute Maier
```

Ein solches Testament sagt noch nicht eindeutig, ob der Erstverstorbene *Vollerbe* oder nur *Vorerbe* werden soll.

Dies ist jedoch von erheblicher Bedeutung, denn, wie bereits dargelegt wurde, unterliegt der Vorerbe erheblichen Beschränkungen. Als Vorerbe darf er das Vermögen, das auf ihn übergegangen ist, zwar nutzen, aber nicht verschenken. Grundstücke darf er ohne Einwilligung des Nacherben nicht verkaufen.

Wenn er dann stirbt, vererbt er an den Dritten einerseits sein eigenes Vermögen sowie das Vermögen des erstverstorbenen Gatten.

Der Dritte wird direkter Erbe des zuletzt Verstorbenen und Nacherbe des zuerst Verstorbenen.

Die zweite Möglichkeit eines Berliner Testaments besteht darin, daß der überlebende Ehegatte Vollerbe und nicht nur Vorerbe wird.

In diesem Fall kann er zu seinen Lebzeiten über den Nachlaß des Erstverstorbenen völlig frei verfügen.

! Er kann jedoch – und das ist ja der Sinn des gemeinschaftlichen wechselbezüglichen Testaments – über dieses Vermögen genauso wenig *testamentarisch* verfügen wie über sein eigenes Vermögen.

Über all diese Vermögensbestandteile haben die Ehegatten in ihrem gemeinschaftlichen Testament verfügt.

Ob nun der verwitwete Ehegatte nur Vorerbe oder Vollerbe wird, kann oft erst in sorgfältiger Auslegung des Testaments ermittelt werden.

Unsere Tips

☛ Um Komplikationen bei dieser Auslegung zu vermeiden, sollten Sie in einem gemeinschaftlichen Testament klar zum Ausdruck bringen, ob der Letztversterbende Vollerbe oder nur Vorerbe sein soll.

☛ In jedem Fall werden allerdings die Pflichtteilsberechtigten beim Tod des ersten Elternteils enterbt. Sie erhalten ihr Erbe erst, wenn beide Eltern tot sind – und wenn dann noch etwas vom Erbe vorhanden ist!

Sie haben jedoch das Recht, vom überlebenden Elternteil den Pflichtteil zu fordern. Wenn das im genannten Beispiel nur Sohn Peter tun würde, käme er im Vergleich zu Tochter Heidi besser weg. Denn er würde zunächst den Pflichtteil erhalten, der aus dem Vermögen des erstverstorbenen Elternteils errechnet wird. Nach dem Tode des zweiten Elternteils könnte er sich dann je zur Hälfte in den Gesamtnachlaß teilen.

☛ Um dieses ungerechte Ergebnis zu vermeiden, bestimmen manche Eltern in ihrem gemeinschaftlichen Testament, daß ein Kind, das nach dem Tod des Erstversterbenden seinen Pflichtteil verlangt, auch nach dem Tode des zweiten Elternteils nur den Pflichtteil aus dem Nachlaß erhalten soll. Das ist sehr sinnvoll, denn auf diese Weise werden die Kinder davon abgehalten, den verwitweten Elternteil, für den die Erbschaft möglicherweise eine wichtige Lebensbasis darstellt, zu schädigen.

Was die Verwandten erben

Möglich ist auch, daß sich ein Ehepaar im gemeinschaftlichen Testament wechselseitig zu Alleinerben einsetzt und bestimmt, daß der gesamte Nachlaß nach dem Tod des Partners, der zuletzt stirbt, je zur Hälfte an Verwandte beider Seiten geht.

Der Text könnte dann lauten:

```
Wir, Bernd und Barbara Lang, setzen uns wechselseitig
zu Alleinerben ein. Nach dem Tod des Längerlebenden
von uns soll der gesamte Nachlaß je zur Hälfte unter
meinem Neffen Jörg Schmidt und Julika Peters, der
Nichte meiner Frau, aufgeteilt werden.

Hamburg, den 19. 9. 1995, Bernd Lang

Das ist auch mein Letzter Wille.

Hamburg, den 19. 9. 1995, Barbara Lang
```

Gemeinschaftliches Testament und Wiederverheiratung

Wie Sie gesehen haben, tritt bei einem gemeinschaftlichen Testament in Form des wechselbezüglichen Testaments beim Tod eines der beiden Ehegatten eine Bindungswirkung ein, die nicht mehr aufzuheben ist. Darin liegt ja gerade ein wesentlicher Sinn eines gemeinsamen wechselbezüglichen Testaments.

Die Bindungswirkung ist also von beiden Seiten gewollt. Konflikte entstehen aber meist dann, wenn der Überlebende wieder heiratet.

Die Heirat entläßt ihn nicht aus der Bindung, insbesondere kann er nicht noch einmal testamentarisch über sein Vermögen verfügen.

Allerdings erwerben der neue Ehepartner und eventuelle Kinder aus der zweiten Ehe Pflichtteilsansprüche.

Diesem Personenkreis gegenüber mag es ungerecht erscheinen, daß der Ehemann und Vater wegen der Bindung des gemeinschaftlichen wechselbezüglichen Testaments keine Erbrechte begründen kann. Der Gesetzgeber hat zur Lösung dieses Konflikts nur die Testamentsanfechtung vorgesehen (siehe Kapitel »Die Anfechtung des Testaments«).

Die Ehegatten könnten zwar im gemeinschaftlichen Testament auch bestimmen, daß dem Überlebenden das Recht eingeräumt wird, seine letztwillige Verfügung einseitig zu ändern und ihn von der testamentarischen Bindung freizustellen, falls ihm das geboten oder zweckmäßig erscheint.

In diesem Fall besteht allerdings die große Gefahr, daß die gemeinschaftlichen Kinder aus der ersten Ehe ganz von der Erbfolge ausgeschlossen werden und der Nachlaß des erstverstorbenen Ehegatten möglicherweise in eine fremde Familie fällt, etwa dann, wenn der zweite Ehepartner entsprechende Verfügungen veranlaßt. Das entspricht sicher nicht dem Willen des erstverstorbenen Ehegatten.

! Deshalb sollten Sie mit der gegenseitigen Zubilligung voller Testierfreiheit in einem gemeinschaftlichen Testament vorsichtig sein. Häufiger als diese Lösung wird eine andere Möglichkeit gewählt: die Bestimmung, daß die Einsetzung zum Alleinerben im Fall der Wiederverheiratung ungültig sein soll. Man nennt das eine *Wiederverheiratungsklausel*.

Unser Tip

☛ Um spätere Konflikte und Unklarheiten zu vermeiden, raten wir Ihnen, in einem gemeinschaftlichen Testament eine derartige Wiederverheiratungsklausel aufzunehmen, vor allem, wenn Sie gemeinsame Kinder haben.

Hier einige Beispiele dafür:

```
Heiratet der Überlebende wieder, dann soll der
Nachlaß des Verstorbenen an die Kinder fallen.
```

In diesem Fall wird erreicht, daß die Kinder mit der Wiederverheiratung des verwitweten Elternteils sofort den ungeschmälerten Nachlaß des verstorbenen Elternteils erhalten. Der überlebende Elternteil erhielte nur den Pflichtteil nach seinem früheren Ehepartner.

```
Bei Wiederverheiratung sollen der Überlebende
und die Kinder so gestellt werden, wie wenn sie
gesetzliche Erben des Erstverstorbenen gewesen
wären.
```

Mit dieser Formulierung erhält der überlebende, sich wieder verheiratende Gatte nicht nur einen Pflichtteil, sondern den gesetzlichen Erbteil, z. B. bei Zugewinngemeinschaft die Hälfte neben den Kindern.

Im Zweifel ist in beiden Fällen die Bindung des Überlebenden an seine im gemeinschaftlichen Testament enthaltende Verfügung über seinen eigenen Nachlaß hinfällig.

```
Auch im Falle der Wiederverheiratung des Über-
lebenden soll dieses Testament gelten.
```

Bei dieser Formulierung bleibt der überlebende Teil selbstverständlich voll gebunden. Er kann über sein Vermögen nicht mehr testamentarisch verfügen; die Kinder aus der ersten Ehe erhalten als Nacherben das Vermögen des erstverstorbenen Elternteils und als Vollerben auch das Vermögen des Letztversterbenden.

Der zweite Ehepartner erhält nur den Pflichtteil. Eine solche Klausel mag sinnvoll sein, wenn wegen des Alters der Erblasser nicht mit Kindern aus einer weiteren Ehe zu rechnen ist, vielmehr im Interesse der gemeinsamen Kinder eine spätere Ehe erbrechtlich ohne Konsequenzen bleiben soll.

Um dies jedoch absolut vollständig zu erreichen, ist es erforderlich, daß der neue Ehepartner (unter Umständen im Wege der Gegenseitigkeit) auch auf seinen Pflichtteil verzichtet.

Der Erbvertrag

Er kann nur beim Notar geschlossen werden

Neben dem individuellen und dem gemeinschaftlichen Testament gibt es auch die Möglichkeit, einen Erbvertrag abzuschließen (§§ 2274 ff. BGB).

! Ein solcher Vertrag ermöglicht es den Vertragspartnern, die Testierfreiheit einzuschränken; der (oder die) Erblasser ist (sind) damit an bestimmte Verfügungen gebunden, die im Erbvertrag getroffen werden. Für eine solche erbrechtliche Bindung bestehen oft gute Gründe:
Der Sohn eines selbständigen Handwerkers, der im väterlichen Geschäft oder Betrieb mitarbeitet, möchte durch den Erbvertrag sicherstellen, daß er im Unternehmen wirklich zum Nachfolger seines Vaters mit allen Rechten wird.
Tochter und Schwiegersohn investieren jahrelang viel Zeit und Geld in ein Haus der Eltern und wollen sich darauf verlassen können, daß sie das Haus auch wirklich eines Tages erben. Ein Erbvertrag ist das geeignete Mittel dafür.

Unser Tip

☛ Auch für Partner in nichtehelichen Lebensgemeinschaften kann der Erbvertrag eine gute Lösung sein, vor allem, wenn ein gemeinsames Kind vorhanden ist. Da sie nicht verheiratet sind, können sie nach heutiger Rechtslage kein gemeinschaftliches Testament errichten. Sie gehören nicht zu den gesetzlichen Erben des Partners; nur im Erbvertrag können sie letztwillige Verfügungen mit Bindungswirkung treffen.

Möglichkeiten und Inhalt

Im Erbvertrag kann zum einen festgelegt werden, wer Erbe wird; zum anderen können darin Vermächtnisse und Auflagen angeordnet werden.

! Der Inhalt eines Vertrags besteht gewöhnlich im Leistungsaustausch. Ein Erbvertrag ist Vertrag und letztwillige Verfügung. Sein Inhalt kann demnach eine letztwillige Verfügung ohne Gegenleistung sein. Er kann aber auch dazu benützt werden, um bestimmte Leistungen miteinander zu verknüpfen. Dabei kann es eine reine Erwartung sein, die mit dem Erbe verknüpft wird: Ich arbeite im väterlichen Betrieb oder am elterlichen Haus mit, weil ich *erwarte,* daß ich erbe; mit dem Erbvertrag wird diese Erwartung zur Gewißheit.

Die Gegenleistung kann aber auch in einer Gegenleistung unter Lebenden bestehen: Ich verpflichte mich, dem Erblasser oder einem Dritten Unterhalt zu gewähren und ihn zu versorgen, und erhalte dafür im Gegenzug das vertragliche Versprechen, Erbe zu werden.

Schließlich bietet der Erbvertrag die Möglichkeit, gegenseitige wechselbezügliche Verfügungen auch unter Nichteheleuten verbindlich zu machen.

Form und Bindungswirkung eines Erbvertrags

Der Erbvertrag kann nur vor einem Notar abgeschlossen werden. Dabei müssen die Vertragspartner gleichzeitig anwesend sein.
Man unterscheidet zwischen einseitigen und zweiseitigen Erbverträgen.

- *Einseitige* Erbverträge sind solche, in denen nur ein Vertragspartner – der Vertragserblasser – eine oder mehrere vertragsmäßige Verfügungen von Todes wegen trifft. Der andere Vertragspartner – als Vertragsgegner bezeichnet – nimmt nur die Erklärung des Erblassers an, um die Bindungswirkung herbeizuführen. Es kann auch sein, daß er sich seinerseits zu einer Leistung unter Lebenden verpflichtet, etwa zur Unterhaltsleistung für den Erblasser. Er verfügt aber nicht vertragsmäßig von Todes wegen.
- In einem *zweiseitigen* Erbvertrag dagegen treffen beide Vertragsparteien vertragsmäßige – also bindende – Verfügungen von Todes wegen (§§ 2278 Abs. 1, 2298 Abs. 1 BGB). Beide Parteien sind also Vertragserblasser.
- Wenn die Vertragsparteien – vor allem Eheleute – sich gegenseitig bedenken, spricht man von einem *gegenseitigen* Erbvertrag.

! Die Bindungswirkung der vertragsmäßigen Verfügungen ist rein erbrechtlich. Das Recht des Erblassers, über sein Vermögen durch Rechtsgeschäft unter Lebenden zu verfügen, wird nicht beschränkt (§ 2286 BGB).

Das bedeutet: Der Vertragserbe ist gegen Verfügungen des Erblassers unter Lebenden nicht geschützt. Der kann sein Geld verschwenden, in die Spielbank tragen oder auf Luxusreisen verjubeln. Nur eins darf er nicht: Er darf keine Schenkungen an Dritte in der Absicht machen, den Vertragserben zu benachteiligen.

Wenn diese Absicht sich nachweisen läßt, kann der Vertragserbe dann, wenn der Erbfall eintritt, vom Beschenkten die Herausgabe der Schenkung verlangen. Das gilt auch dann, wenn der Beschenkte nichts von dem Erbvertrag gewußt hat und davon, daß der Vertragserbe benachteiligt werden sollte (§ 2287 BGB).

Rücktrittsrecht

Im Gegensatz zu einem gemeinschaftlichen Testament ist der Erbvertrag unwiderruflich, das heißt, der Erblasser kann seine letztwilligen Verfügungen darin nicht *einseitig* widerrufen.

Wenn die Vertragspartner keine einseitigen Rücktrittsrechte vereinbaren, kann der Erbvertrag nur durch eine neue Vereinbarung beider Vertragspartner wieder aufgehoben werden.

Unser Tip

☛ **Es besteht jedoch die Möglichkeit, einem oder beiden Vertragspartnern das Recht einzuräumen, den Erbvertrag einseitig zu ändern oder aufzuheben. Das empfiehlt sich besonders bei nichtehelichen Lebensgemeinschaften. Ein Rücktrittsvorbehalt dieser Art könnte z. B. lauten: »Für den Fall, daß die Gemeinschaft zerbricht, behalten sich die Vertragschließenden ein Rücktrittsrecht vor.«**
Der Rücktrittsvorbehalt kann sich auf den gesamten Erbvertrag oder nur auf einzelne Verfügungen darin beziehen.

Daneben gibt es auch ein Rücktrittsrecht, ohne daß es vereinbart wird (gesetzliches Rücktrittsrecht).

- Es ist möglich, wenn der Bedachte sich einer schweren Verfehlung schuldig macht. Dies entspricht der Regelung über die Entziehung des Pflichtteils. (Nähere Einzelheiten siehe Kapitel »Der Pflichtteil«.) Wußte der Erblasser bei Vertragsschluß allerdings bereits von der Verfehlung, so ist er nicht schutzwürdig; ihm steht dann weder ein Anfechtungs- noch ein Rücktrittsrecht zu.

- Der Erblasser kann von der im Erbvertrag enthaltenen Verfügung zurücktreten, wenn die vom Vertragspartner übernommene Verpflichtung, dem Erblasser für dessen Lebenszeit Unterhalt zu gewähren, vor dem Tod des Erblassers aufgehoben wird (§ 2295 BGB). Hier sind beide Verpflichtungen – Erbeinsetzung und Unterhaltsleistung – so eng miteinander verknüpft, daß der Wegfall der einen, der ja auch nur vertraglich erfolgen kann, den Weg für die Aufhebung der Erbeinsetzung freimacht.

! Die Rücktrittserklärung muß – wie schon der Erbvertrag – notariell beurkundet werden.

Schenkungen von Todes wegen

Wenn Sie jemanden nach Ihrem Tod beschenken wollen

Vielleicht haben Sie den Wunsch, einem Dritten aus Ihrem Vermögen einen Gegenstand zu schenken. Sie wollen aber, daß das Schenkungsversprechen erst nach Ihrem Tod wirksam wird und auch nur dann, wenn der Bedachte zu diesem Zeitpunkt noch lebt.

Der Beschenkte soll aber nicht Erbe werden.

Diesen Wunsch können Sie sich natürlich durch Aussetzung eines Vermächtnisses erfüllen, und für den Normalfall dürfte das auch die richtige Form zur Vergabe von Gegenständen im Todesfall sein, wenn der Bedachte nicht Erbe werden soll.

In der Praxis ergeben sich aber oft Fälle, die erbrechtlich nicht so ohne weiteres als Vermächtnisse eingeordnet werden können.

Der Gesetzgeber hat für solche Fälle jedoch vorgesorgt.

In § 2301 BGB sind Regelungen getroffen für Schenkungsversprechen von Todes wegen. Und um solche geht es, wenn das

Schenkungsversprechen zum einen durch den Tod des Schenkenden in seiner Wirksamkeit zeitlich aufgeschoben wird und zum anderen nur bedingt wirksam ist, weil es voraussetzt, daß der Bedachte noch lebt.

Schenkung unter Lebenden

Nach unserem Rechtssystem ist ein Schenkungsversprechen unter Lebenden nur dann bindend, wenn es vor einem Notar abgegeben wird oder wenn es konkret vollzogen wird.

Das heißt, wenn Sie jemandem eine wertvolle Uhr zu schenken *versprechen,* bedeutet das noch gar nichts. Wenn Sie sie ihm jedoch in die Hand drücken und sagen: »Ich schenke sie dir!«, darf er sie behalten.

Unser Tip

☛ **Für das Schenkungsversprechen von Todes wegen gibt das Gesetz eine Erleichterung: Es ist auch dann wirksam, wenn die Vorschriften über Verfügungen von Todes wegen eingehalten wurden.**
Das heißt, neben der notariellen Form reicht auch die private, eigenhändig ge- und unterschriebene Form aus.
Das Schenkungsversprechen von Todes wegen in dieser Form ist also im Gegensatz zum Schenkungsversprechen unter Lebenden auch ohne die notarielle Form rechtswirksam.

Wenn der Schenker die Schenkung von Todes wegen schon zu seinen Lebzeiten so stark bekundet, daß dem Beschenkten zwar noch nicht das Eigentum, aber immerhin eine starke Anwartschaftsstellung gegeben wurde, dann finden die Vorschriften über Schenkungen unter Lebenden Anwendung.

Das heißt dann also, dieser Vollzug – die Begründung der Anwartschaft – ist sogar ohne Einhaltung der Vorschriften über Verfügungen von Todes wegen als bindendes Schenkungsversprechen wirksam.

Beispiel:

Ein Schwerkranker übergibt der Krankenpflegerin ein wertvolles Gemälde, damit sie es an ein bestimmtes Museum weiterleitet, und erklärt, daß das Bild nach seinem Tod dem Museum gehören soll.

Er stirbt am nächsten Tag. Wegen der mit dem Todesfall verbundenen Aufregungen kommt die Pflegerin erst eine Woche später dazu, dem Museum das Gemälde zu übergeben.

Die Testamentsform ist hier nicht eingehalten, das Schenkungsversprechen wurde nur mündlich gegeben. Aber zu Lebzeiten hat der Schenkende durch die Übergabe des Gemäldes an die Pflegerin mit einem ganz konkreten Auftrag für das Museum ein Anwartschaftsrecht begründet, das als Vollzug zu bewerten ist. Deshalb finden hier die Vorschriften über Schenkungen unter Lebenden Anwendung.

Kurz gesagt: Das Versprechen ist durch Vollzug verbindlich geworden. Das Museum hat gegen die Erben einen Anspruch auf Eigentumsübertragung.

Ein anderes Beispiel:

Ein Onkel schreibt seinem Neffen mit der Schreibmaschine einen Brief mit folgendem Inhalt: »Du bist der einzige Oldtimer-Fan in meiner Verwandtschaft. Deswegen soll Dir nach meinem Tod mein alter Maybach Jahrgang 1936 gehören. Solange ich aber lebe, möchte ich ihn in meiner Garage behalten, um ihn gelegentlich noch mal fahren zu können.«

Der Neffe, der sich für diesen Brief herzlich bedankt, wird nach dem Tod des Onkels leer ausgehen, denn das Schenkungsversprechen von Todes wegen wurde vor dem Tod in keiner Weise vollzogen. Und da der Brief mit der Maschine geschrieben war, entsprach er auch nicht der für Testamente vorgeschriebenen Form.

Bankverfügungen

Sie können auch ein Sparbuch auf den Namen eines Ihrer Nichten, Neffen, Enkel etc. anlegen. Durch einen Sperrvermerk wird sichergestellt, daß der Begünstigte über das Guthaben erst nach Ihrem Tod verfügen kann. Oder Sie vereinbaren mit Ihrer Hausbank, daß ein bestimmtes Konto bei Ihrem Tod auf einen Dritten übergeht, und zwar unabhängig von der Erbfolge.

Es handelt sich jeweils um Schenkungen von Todes wegen, die durch die Vereinbarungen mit den Banken »vollzogen« werden, also bindend sind.

Lebensversicherungen

Eine weitere Möglichkeit, wie Sie einer Ihnen nahestehenden Person eine Summe zuwenden können, ist ein Lebensversicherungsvertrag, den Sie zugunsten eines Dritten abschließen. Sie legen gegenüber der Versicherung schriftlich fest, wer nach Ihrem Tod bezugsberechtigt ist.

Diese Person kann die Versicherungssumme nach Ihrem Tod unmittelbar von der Lebensversicherung fordern, ihr und nicht den Erben steht der Betrag zu. Begünstigter könnte Ihr Ehepartner, aber auch Ihr Partner in einer nichtehelichen Lebensgemeinschaft sein.

Die Versicherungssumme fällt nicht in den Nachlaß.

Der Erbfall ist eingetreten

Wenn ein Angehöriger stirbt, herrscht gewöhnlich Trauer in der Familie. Doch die Hinterbliebenen haben kaum Zeit, sich ihren Gefühlen hinzugeben, da nun in aller Eile viele Formalitäten zu erledigen sind und viel zu organisieren ist.

! So muß unverzüglich ein Arzt benachrichtigt werden, damit der Totenschein ausgestellt werden kann.
Spätestens am folgenden Werktag muß das zuständige Standesamt vom Tod benachrichtigt werden. Zuständig ist hier das Standesamt, in dessen Bezirk sich der Todesfall ereignet hat. Dieses Standesamt stellt auch die Sterbeurkunde aus, die wichtigste Urkunde, die nach einem Sterbefall benötigt wird. Meldepflichtig ist normalerweise der nächste Familienangehörige.
Wenn Sie die Sterbeurkunde erhalten haben, sollten Sie umgehend die verschiedenen Versicherungen informieren, bei denen die verstorbene Person versichert war (Lebensversicherung, Krankenversicherung, Rentenversicherungsträger etc.).

Unser Tip

☛ Mit den weiter notwendigen Aufgaben, wie Auswahl der Grabstelle, Einbettung, Gestaltung der Trauerfeier, Beerdigung usw., aber auch mit der Erledigung weiterer Formalitäten, z. B. Druck und Versand der Traueranzeigen usw., wird am besten ein Bestattungsunternehmen beauftragt.

Die Bestattungspflicht richtet sich nach den Gesetzen der Länder. Danach sind die nächsten Angehörigen, insbesondere der Ehegatte oder die Kinder, verpflichtet, für die Bestattung zu sorgen.

Es muß auch geprüft werden, ob jemand bevollmächtigt ist, über den Tod des Verstorbenen hinaus über dessen Konten und Sparguthaben zu verfügen. Ohne eine solche Vollmacht können Sie nur Geld von Banken und Sparkassen abheben, wenn Sie entweder einen Erbschein oder eine beglaubigte Abschrift des Testaments mit der dazugehörigen Eröffnungsniederschrift vorlegen können.

! Das Fehlen einer Bankvollmacht führt oft zu Problemen, wenn in der ersten Zeit nach dem Tod größere Rechnungen für die Bestattung usw. zu bezahlen sind.

Unser Tip

☛ **Es empfiehlt sich deshalb für den Inhaber eines Kontos grundsätzlich, seiner Bank oder Sparkasse gegenüber zu erklären, wer nach seinem Tod als Bevollmächtigter über das Guthaben verfügen kann.**

Schon bald sollten Sie aber auch mit der Suche nach einem etwaigen Testament beginnen, denn es könnte unter anderem auch Hinweise enthalten, wo und wie der Verstorbene beerdigt werden möchte.

! Jedes aufgefundene Testament muß dann beim Nachlaßgericht – das ist das Amtsgericht, in Baden-Württemberg das Notariat – abgeliefert werden.
Jetzt können vom Gericht die Erben benachrichtigt werden. Das klappt allerdings nur dann ohne unnötige Verzögerung, wenn im Testament die Adressen vollständig angegeben sind.

Ausschlagung oder Annahme der Erbschaft

Nur sechs Wochen Zeit zum Überlegen

Bereits mit dem Todesfall ist die Erbschaft als Ganzes auf die Erben übergegangen, auch wenn sie jetzt noch gar nichts davon wissen bzw. noch gar nicht feststeht, wer die Erben sind. Sie werden ohne ihre Mitwirkung zu Erben und treten im Zeitpunkt des Todes in die Rechtsnachfolge des Verstorbenen ein.

Das geschieht allein deshalb, weil sie entweder kraft Gesetzes zum Erben berufen werden, oder weil es eine entsprechende letztwillige Verfügung darüber gibt.

Da jedoch niemandem gegen seinen Willen ein Vermögen oder ein Schuldenberg aufgedrängt werden darf, fällt die Erbschaft zunächst noch nicht endgültig, sondern nur vorläufig an.

! Weder für die gesetzlichen noch für die Testamentserben besteht eine Pflicht zur Annahme der Erbschaft, jeder Erbe hat das Recht, die Erbschaft in einer bestimmten Frist und Form auszuschlagen. Nur der Staat als gesetzlicher Erbe hat dieses Ausschlagungsrecht nicht (§ 1942 BGB).
Wenn der Erbe annimmt, erhält er eine endgültige Erbenstellung. Schlägt er aus, verliert er sie.

Abgabe des Testaments

Um zu wissen, ob die gesetzliche Erbfolge eintritt oder ob es Erben gibt, die in einer letztwilligen Verfügung eingesetzt wurden, muß erst einmal geklärt werden, ob ein Testament oder ein Erbvertrag vorhanden ist.

! Alle Personen, die ein privates Testament der verstorbenen Person haben, sind verpflichtet, dieses Testament unverzüglich an das Nachlaßgericht abzuliefern, entweder über einen Notar oder direkt (§ 2259 Abs. 1 BGB).

Wer das nicht tut oder das Testament sogar vernichtet, macht sich strafbar und wird schadensersatzpflichtig, wenn durch seine Handlung Ansprüche von Bedachten unterdrückt werden.

Jeder muß also sofort, nachdem er vom Todesfall erfahren hat, alle Schriftstücke abliefern, die nach Überschrift, Form oder Inhalt als Testament in Frage kommen könnten, auch ältere Urkunden. Eine Vorauswahl nach eigenem Gutdünken darf dabei nicht getroffen werden.

Falls es Hinweise darauf gibt, daß jemand ein Testament nicht abgeliefert hat, verlangt das Gericht eine eidesstattliche Versicherung über den Verbleib.

Wenn der Verstorbene ein notarielles Testament errichtet hat, ist es beim Nachlaßgericht in amtliche Verwahrung gegeben worden. Das Nachlaßgericht hatte daraufhin seinerzeit das Geburtsstandesamt verständigt.

Diese Information wird jetzt von Bedeutung: Das Standesamt, das den Tod des Verstorbenen beurkundet hat, meldet den Todesfall stets auch an das Geburtsstandesamt. Und das gibt die Nachricht wiederum an das Nachlaßgericht weiter. Möglicherweise taucht jetzt ein Testament auf, von dem niemand etwas wußte.

Die gleiche Prozedur spielt sich ab, wenn ein privates Testament in amtliche Verwahrung gegeben wurde.

Die Testamentseröffnung

Das Nachlaßgericht bestimmt den Termin zur Testamentseröffnung. Zu diesem Termin werden die gesetzlichen Erben und die im Testament eingesetzten Personen geladen.

Die Teilnahme ist jedoch nicht Pflicht. Wer von den Beteiligten zum Eröffnungstermin nicht erscheint, wird vom Nachlaßgericht schriftlich über den ihn betreffenden Inhalt des Testaments informiert.

Es kann aber auch sein, daß die Ladung der Beteiligten unterbleibt, wenn das Gericht dies für »tunlich« – so der Ausdruck im Gesetz – hält (§ 2260 Abs. 1 BGB).

Wenn ein anderes Gericht als das Nachlaßgericht das Testament in Verwahrung hat, so wird dieses Gericht das Testament eröffnen.

Das Testament wird dann dem Nachlaßgericht übersandt, eine beglaubigte Abschrift zurückbehalten.

! Wer ein rechtliches Interesse glaubhaft macht, ist berechtigt, ein eröffnetes Testament einzusehen sowie eine Abschrift des Testaments oder einzelner Teile zu fordern; die Abschrift muß auf Verlangen beglaubigt werden.
Durch die Einsicht in das Testament soll allen Beteiligten, also den gesetzlichen Erben und den testamentarisch Bedachten, die Möglichkeit gegeben werden, die Rechtsgültigkeit der letztwilligen Verfügung zu überprüfen.

Über die Eröffnung wird stets eine sogenannte Eröffnungsniederschrift aufgenommen. Dieses Protokoll ist wichtig, denn mit seiner Kenntnis beginnt die Frist für Ausschlagung der Erbschaft und die Geltendmachung des Pflichtteils zu laufen; außerdem spielt es eine Rolle für die Erteilung des Erbscheins.

Unser Tip

☛ **Falls Sie sich übergangen fühlen, nachdem Sie nun den Inhalt des Testaments erfahren haben, sollten Sie sich sofort mit einem Rechtsanwalt in Verbindung setzen und rechtlich beraten lassen.**

Die Ausschlagungsfrist

Ausschlagen oder annehmen? Diese Frage stellt sich nun ganz konkret, und es bleibt nicht allzuviel Zeit, um sich das zu überlegen.

! Die Frist für die Erklärung der Ausschlagung beträgt sechs Wochen. Sie beginnt mit dem Zeitpunkt, in welchem der Erbe von dem Anfall und dem Grund der Berufung erfahren hat (§ 1944 BGB).
Falls Sie dies durch eine letztwillige Verfügung erfahren haben, beginnt die Frist nicht vor ihrer Verkündigung bzw. Eröffnung durch das Nachlaßgericht.
Wenn Sie zum Testamentseröffnungstermin nicht geladen wurden noch sonst von der Eröffnung erfuhren, beginnt die Ausschlagungsfrist erst mit der Benachrichtigung über den Inhalt des Testaments durch das Nachlaßgericht (§ 2262 BGB).

Eltern, die als gesetzliche Vertreter für ein minderjähriges Kind die Ausschlagung erklären, brauchen dazu die Genehmigung des Vormundschaftsgerichts. (Bei der Annahme der Erbschaft ist das nicht notwendig.)

Hat der Verstorbene seinen letzten Wohnsitz ausschließlich im Ausland gehabt oder hält sich der Erbe bei Beginn der Frist im Ausland auf, beträgt die Frist sechs Monate.

Wenn der Nachlaß überschuldet ist

Es kann sein, daß Sie ein Vermögen erben – es ist aber auch denkbar, daß Sie durch die Erbschaft eher ärmer werden. Denn Sie erben auch alle Schulden, die der Verstorbene hinterlassen hat. Deshalb muß in Zweifelsfällen bzw. bei Verdacht auf Schulden sehr genau überlegt werden, ob es nicht besser ist, die Erbschaft auszuschlagen.

Unsere Tips

☛ Um diese Entscheidung genau überprüfen zu können, sollten Sie sich am besten mit einem Anwalt in Verbindung setzen und womöglich den Steuerberater des Verstorbenen, vielleicht auch den eigenen, hinzuziehen.

☛ Zu überlegen ist auch, wie hoch die Erbschaftssteuer sein wird, welche Vermächtnisse aus dem Testament zu erfüllen sind, und ob Sie dafür womöglich sogar Ihr Privatvermögen einsetzen müssen.

! Kontrollieren Sie also zunächst, welche *Erblasserschulden* vorhanden sind. Das sind alle Schulden des Verstorbenen, die Sie als Erbe übernehmen müßten. Dazu zählen z. B.

- unbezahlte Rechnungen
- Mietschulden
- Prozeßkosten
- Steuerschulden
- die letzten Krankheitskosten

! Neben den Erblasserschulden gibt es außerdem die *Erbfallschulden*. Das sind die Schulden, die anläßlich des Erbfalls entstehen. Und dazu zählen:

- der Erbersatzanspruch eines nichtehelichen Kindes
- die Ansprüche des Pflichtteilsberechtigten
- Vermächtnisansprüche
- Erbschaftssteuerschulden
- die Kosten für die Nachlaßverwaltung oder den Testamentsvollstrecker
- der sogenannte Dreißigste
- die Beerdigungskosten

! Zu den Kosten für eine standesgemäße Beerdigung, die Sie als Erbe zu tragen haben, gehören die Ausgaben für die üblichen

Feierlichkeiten (z. B.das Trauermahl nach der Beerdigung), die Überführung und Bestattung, Aufwendungen für das Grabmal sowie die Anlage der Grabstätte, Trauerkleidung, Todesanzeigen und Danksagungen.

Unsere Tips

☛ Wenn Sie sich entschließen, wegen Überschuldung des Nachlasses die Erbschaft auszuschlagen, dann denken Sie auch an Ihre minderjährigen Kinder, die jetzt möglicherweise an Ihrer Stelle erben würden. Damit sie nicht die Schulden zu übernehmen haben, müssen Sie (und Ihr Ehegatte) ebenfalls für Ihre Kinder ausschlagen.

☛ Für diese »zweistufige« Ausschlagung, bei der die Kinder nicht unmittelbar oder gemeinsam mit Ihnen Erben sind, ist ausnahmsweise keine Genehmigung des Vormundschaftsgerichts erforderlich.

Ausschlagung aus sonstigen Gründen

Es gibt aber auch andere Gründe als die Überschuldung des Nachlasses, warum eine Ausschlagung des Erbes manchmal sinnvoll oder wünschenswert sein kann. Steuerliche Gründe zum Beispiel.

Das käme etwa dann in Frage, wenn die Erbschaft die Freigrenzen für die Erbschaftssteuer übersteigt und Sie selbst schon älter sind und damit rechnen müssen, daß das geerbte Vermögen ohnehin in absehbarer Zeit auf Ihre Kinder weitergehen wird.

Oder auch dann, wenn Sie zwar noch jünger, aber nicht auf das Geerbte angewiesen sind und durch den Übergang des Erbes auf die jüngere Generation und die richtige Ausnutzung von Freibeträgen Steuern gespart werden können. Unter Umständen läßt sich das mit einer Abfindungsregelung verbinden, bei der Sie vereinbaren, daß Sie statt des Erbes eine bestimmte Summe von Ihren Kindern erhalten.

Unsere Tips

- Auch wegen solcher Überlegungen könnte ein Gespräch mit einem Rechtsanwalt oder Steuerberater innerhalb der Sechs-Wochen-Frist sehr nützlich sein.

- Einen weiteren guten Grund für eine Ausschlagung liefert die Überschuldung des Erben selbst.

  Beispiel:

  Ein Erblasser hinterläßt seinem einzigen Sohn ein stattliches Vermögen, das völlig schuldenfrei ist. Der Sohn selbst ist jedoch hoffnungslos überschuldet und hat auf Antrag seiner Gläubiger sogar den Offenbarungseid leisten müssen. Als die Gläubiger von der Erbschaft erfahren, sehen sie endlich eine Chance, an ihr Geld zu kommen.

  Um das zu umgehen und das Vermögen nicht der Zwangsvollstreckung der Gläubiger aussetzen zu müssen, schlägt der Sohn die Erbschaft innerhalb der Sechs-Wochen-Frist aus. An seiner Stelle erbt seine einzige Tochter das Vermögen des Großvaters.
  Die Gläubiger erhalten dadurch keinen Zugriff auf die Erbschaft.

Ausschlagung nur ohne Bedingung möglich

Wenn Sie sich für die Ausschlagung entscheiden, so müssen Sie alle Handlungen vermeiden, aus denen geschlossen werden könnte, Sie seien bereit, das Erbe anzutreten.

! Das Ausschlagungsrecht geht nämlich nicht nur nach sechs Wochen, sondern eventuell auch schon früher verloren, wenn sich aus dem Verhalten des Erben der Wille zur Annahme der Erbschaft ergibt.
Das wäre etwa der Fall, wenn Sie den Antrag auf Erteilung eines

Erbscheins stellen oder in einem Betrieb oder Geschäft erhebliche Veränderungen vornehmen.

! Die Ausschlagung darf auch nicht an eine Bedingung oder Zeitbestimmung geknüpft werden (§ 1947 BGB).
Sie dürfen beispielsweise nicht erklären, daß Sie die Erbschaft zugunsten eines bestimmten Dritten ausschlagen wollen. Geschieht das, so ist die Ausschlagung unwirksam.
Ausnahme: Wenn der Dritte, den Sie als Begünstigten benannt haben, nach Ihrer Auschlagung ohnehin Erbe sein würde. In diesem Fall handelt es sich nämlich nicht um eine Bedingung, sondern um die ohnehin eintretende gesetzliche Wirkung der Ausschlagung.
Als Bedingung gilt auch die Aussage, daß Sie ausschlagen, falls der Nachlaß überschuldet ist. Hier wäre die Ausschlagung ebenfalls unwirksam.

Innerhalb der sechs Wochen haben Sie jedoch die Möglichkeit, den Nachlaß zu prüfen, um festzustellen, ob er überschuldet ist oder nicht.

Unser Tip

☛ **Das Recht, eine Erbschaft auszuschlagen, ist seinerseits vererblich. Hat z. B. jemand eine Erbschaft gemacht, die er ausschlagen will, stirbt aber, bevor das geschehen ist, so kann auch sein Erbe noch ausschlagen, und zwar wiederum in der Frist von sechs Wochen, nachdem er von dem Erbfall des Erben erfahren hat.**

Form der Ausschlagung

Die Ausschlagung muß dem Nachlaßgericht gegenüber durch eine Erklärung in öffentlich beglaubigter Form abgegeben werden. Das heißt, der Erbe kann sie entweder selbst beim Nachlaßgericht (Amtsgericht) zu Protokoll geben oder mit seiner von einem Notar beglaubigten Unterschrift dort abliefern.

! Nach Ablauf der Ausschlagungsfrist gilt die Erbschaft als angenommen, selbst wenn Sie sich nicht dazu geäußert haben. Eine Ausschlagung ist dann nicht mehr möglich.

Die Folgen der Ausschlagung

Wenn Sie die Erbschaft ausschlagen, hat das die gleiche Wirkung, als wären Sie nie Erbe gewesen.

Die Erbschaft fällt dann an denjenigen, der geerbt hätte, wenn Sie beim Erbfall nicht gelebt hätten. Die Ausschlagung führt auch zum Verlust des Pflichtteilsrechts. An die Stelle eines ausschlagenden Alleinerben treten die Ersatzerben bzw. die nach gesetzlicher Erbfolge nächstberechtigten Erben.

Auch die können wiederum ausschlagen.

Bis der neue Erbe feststeht, muß das Nachlaßgericht den Nachlaß sichern und, falls erforderlich, einen Nachlaßpfleger bestellen.

Die Anfechtung der Ausschlagung

Die Ausschlagungsfrist von sechs Wochen ist allerdings ziemlich knapp bemessen. Oft ist es dem Erben innerhalb dieser Zeit gar nicht möglich, sich über den tatsächlichen Umfang und Wert des Nachlasses ausreichend zu unterrichten.

Es kann daher passieren, daß jemand eine Erbschaft ausschlägt, weil er den Nachlaß für überschuldet hält, und erst hinterher merkt, daß dies ein Irrtum war. Oder daß er ausschlägt, weil ihm vom Miterben vorgetäuscht wurde, es lohne sich nicht, sich an der Erbschaft zu beteiligen, weil fast nichts zu erben sei. Der Miterbe hat jedoch verschwiegen, daß noch ein zweites, stattliches Konto vorhanden ist, das er nun allein erben will. In solchen Fällen gibt es die Möglichkeit, die eigene Entscheidung anzufechten.

Als Anfechtungsgründe kommen dabei die Gründe in Frage, die im Allgemeinen Teil des Bürgerlichen Gesetzbuchs aufgeführt sind:

- Anfechtbarkeit wegen Irrtums: Wer bei der Abgabe einer Willenserklärung über deren Inhalt im Irrtum war oder eine Erklärung dieses Inhalts überhaupt nicht abgeben wollte, kann sie anfechten, wenn anzunehmen ist, daß er sie bei Kenntnis der Sachlage und bei verständiger Würdigung des Falles nicht abgegeben haben würde (§ 119 BGB).
  Eine irrtümliche Erwartung oder ein Irrtum über ein anderes Motiv zur Ausschlagung berechtigen nicht zur Anfechtung der Ausschlagung. Auch die berechtigte Anfechtung kann Schadenersatzansprüche dessen auslösen, der auf die Gültigkeit der Ausschlagungserklärung vertraut hatte (§ 122 BGB).
- Anfechtbarkeit wegen arglistiger Täuschung oder Drohung (§ 123 BGB): Die Anfechtungserklärung muß in der gleichen Form wie die Ausschlagung erfolgen, also als Niederschrift im Nachlaßgericht oder notariell beglaubigt.

! Die Anfechtung der Ausschlagung gilt als Annahme, die betreffende Person wird damit zum Erben.

Ausschlagung und Anfechtung der Ausschlagung in den neuen Bundesländern

In der früheren DDR betrug die Ausschlagungsfrist zwei Monate, für Erblasser mit Wohnsitz außerhalb der neuen Bundesländer sechs Monate.

Ein Problem sind die zahlreichen Fälle, in denen Bürger im Westen auf ihr Erbe in der DDR verzichtet haben, weil z. B. Grundstücke dort vor der Wiedervereinigung kaum etwas wert waren und Hausbesitz eher eine Belastung darstellte.

Inzwischen sind die Grundstücke im Wert gestiegen, viele Erben würden gern ihre frühere Ausschlagung anfechten. Die Rechtsprechung sagt dazu: Wenn ein Erbe vor der Wiedervereinigung die ihm angefallene Erbschaft ausgeschlagen hat, weil die zur Erbschaft gehörenden DDR-Grundstücke für ihn wertlos waren, so ist die Ausschlagungserklärung deshalb nicht anfechtbar. Denn ein Irrtum über die künftige Entwicklung des Wertes von Nachlaßgegenständen ist keine ausreichende Begründung dafür, sondern rechtlich unbeachtlicher Motivirrtum.

Die Stellung als vorläufiger Erbe

Vor Annahme der Erbschaft ist der Erbe nicht *verpflichtet,* aber *berechtigt,* sich um den Nachlaß zu kümmern oder sogar für ihn tätig zu sein. Aus seinen Handlungen entstehen keine Probleme, wenn er die Erbschaft später annimmt.

! Besorgt er jedoch erbschaftliche Geschäfte und schlägt schließlich doch aus, so ist er demjenigen gegenüber, welcher Erbe wird, wie ein Geschäftsführer ohne Auftrag berechtigt und verpflichtet (§ 1959 Abs. 1 BGB).

Seine Verfügung bleibt wirksam, wenn sie nicht ohne Nachteil für den Nachlaß verschoben werden konnte.

Handelt es sich z. B. bei dem Erbe um ein Haus mit einer zerbrochenen Fensterscheibe, durch die es hineinregnet, so kann er die Scheibe reparieren lassen. Das ist eine Fürsorgemaßnahme, die zeitlich nicht ohne Nachteil für den Nachlaß verschoben werden kann – die Reparatur darf aus dem Nachlaß bezahlt werden.

Auch ein Rechtsgeschäft, das gegenüber dem vorläufigen Erben vorgenommen werden mußte, etwa die Bezahlung einer berechtigten Forderung von einem Nachlaßgläubiger, bleibt nach der Ausschlagung wirksam.

! Vor Annahme der Erbschaft kann jedoch ein Anspruch, der sich gegen den Nachlaß richtet, nicht gegen den Erben gerichtlich geltend gemacht werden (§ 1958 BGB).
Es dürfen also z. B. keine Mahnverfahren oder Klagen gegen den vorläufigen Erben eingeleitet werden. Bereits anhängige Prozesse werden unterbrochen, der Erbe ist vor der Annahme der Erbschaft nicht verpflichtet, sie fortzusetzen.

Die Nachlaßpflegschaft

Bis der endgültige Erbe feststeht, können Wochen vergehen. Manchmal kann es sogar Monate und Jahre dauern, bevor klar ist, wer zum Erben des Verstorbenen geworden ist. Etwa dann, wenn kein Testament vorliegt und erst die in aller Welt verstreut lebenden gesetzlichen Erben ausfindig gemacht werden müssen.

In der Zwischenzeit muß sich jemand um die Erbschaft kümmern.

Das Gesetz sagt dazu: Bis zur Annahme der Erbschaft hat das Nachlaßgericht für die Sicherung des Nachlasses zu sorgen, soweit ein Bedürfnis besteht. Das gleiche gilt, wenn der Erbe unbekannt oder wenn ungewiß ist, ob er die Erbschaft angenommen hat.

Das Nachlaßgericht kann insbesondere die Anlegung von Siegeln, die Hinterlegung von Geld, Wertpapieren und Kostbarkeiten sowie die Aufnahme eines Nachlaßverzeichnisses anordnen und für denjenigen, welcher Erbe wird, einen Nachlaßpfleger bestellen (§ 1960 BGB).

! Der Nachlaßpfleger ist der gesetzliche Vertreter des künftigen Erben in der Nachlaßangelegenheit. Er hat den Nachlaß zweckmäßig zu verwalten. Sein Wirkungskreis wird nach den Erfordernissen des Einzelfalls festgelegt. Das Nachlaßgericht kontrolliert auch, ob er seine Tätigkeit im Sinne des künftigen Erben verrichtet. Bei schuldhafter Pflichtverletzung kann er schadenersatzpflichtig gemacht werden.

Die Annahme der Erbschaft

Wer geerbt hat, muß das belegen können

Der Schwebezustand zwischen Erbfall und endgültiger Erbenstellung ist erst beendet, wenn die Erbschaft mit einer Willenserklärung angenommen wurde oder wenn die Frist zur Ausschlagung abgelaufen ist.

! Der Erbe kann die Erbschaft nicht mehr ausschlagen, wenn er sie angenommen hat, oder wenn die für die Ausschlagung vorgeschriebene Frist verstrichen ist; mit dem Ablauf der Frist gilt sie als angenommen (§ 1943 BGB).
Ein Minderjähriger kann nur mit Einwilligung seines gesetzlichen Vertreters annehmen.

Der Erbschein

Haben Sie die Erbschaft angenommen, dann brauchen Sie für die weiteren Formalitäten meist einen Erbschein, und zwar immer dann, wenn Sie Ihr Erbrecht gegenüber Banken, Privatpersonen, dem Grundbuchamt oder anderen Behörden nachweisen müssen.

! Falls Sie die Erbschaft nicht ausdrücklich angenommen haben, wird im Antrag auf Erteilung des Erbscheins Ihre Annahme gesehen.

Der Erbschein ist ein amtliches Zeugnis, das auf Antrag vom Nachlaßgericht ausgestellt wird und bescheinigt, daß Sie geerbt haben und wie groß Ihr Erbteil ist (§ 2353 BGB). Einen Alleinerbschein erhalten Sie, wenn Sie Allein- oder Universalerbe sind. Ein Teilerbschein wird Ihnen ausgestellt, wenn Sie einer von mehreren Miterben sind.

Das Gesetz sagt: Es wird vermutet, daß demjenigen, der in dem Erbschein als Erbe bezeichnet ist, das in dem Erbschein angegebene Erbrecht zusteht und daß er nicht durch andere als die angegebenen Anordnungen beschränkt ist (§ 2365 BGB). Dadurch gilt der durch einen Erbschein Ausgewiesene als Erbe, solange die Erbscheinsvermutung nicht ausgeräumt ist.

Die Vermutung ist jedoch widerlegbar. Wer die Angaben in dem Erbschein bestreitet, muß die Unrichtigkeit beweisen. An die Vermutung der Richtigkeit knüpft der »öffentliche Glaube« des Erbscheins, der Käufer oder Schuldner, die in gutem Glauben mit dem Erbscheininhaber verhandeln und Erwerbsgeschäfte tätigen, schützt. Denn es gilt: Erwirbt jemand von demjenigen, welcher in einem Erbschein als Erbe bezeichnet ist, durch Rechtsgeschäft einen Erbschaftsgegenstand, ein Recht an einem solchen Gegenstand oder die Befreiung von einem zur Erbschaft gehörenden Rechte, so gilt zu seinen Gunsten der Inhalt des Erbscheins als richtig, es sei denn, daß er die Unrichtigkeit kennt oder weiß, daß das Nachlaßgericht die Rückgabe des Erbscheins wegen Unrichtigkeit verlangt hat (§ 2366 BGB).

Wenn sich nachträglich herausstellt, daß der Erbschein unrichtig war, wird er vom Nachlaßgericht wieder eingezogen. Das kann etwa dann vorkommen, wenn später noch ein Testament auftaucht.

! Der tatsächliche Erbe muß die inzwischen erfüllten Verträge, erbrachten Leistungen usw. anerkennen. Allerdings kann er sich an den »falschen Erben« wenden und von ihm z. B. die Herausgabe eines Verkaufserlöses verlangen, der durch einen Verkauf aus der Erbschaft zustande kam.

Antrag und Kosten für den Erbschein

Zuständig für die Erteilung des Erbscheins ist das Amtsgericht (Nachlaßgericht) des letzten Wohnsitzes des Verstorbenen.

Wenn Sie als *gesetzlicher Erbe* dort einen Erbschein beantragen, müssen Sie folgende Angaben machen und belegen:

- die Zeit des Todes des Erblassers (anhand der Sterbeurkunde);
- das Verhältnis, auf dem Ihr Erbrecht beruht (etwa durch Vorlage des Familienstammbuchs, aus dem der Verwandtschaftsgrad zu ihm hervorgeht);
- ob und welche Personen vorhanden sind oder vorhanden waren, durch die Sie von der Erbfolge ausgeschlossen oder Ihr Erbteil gemindert werden würde;
- ob und welche letztwilligen Verfügungen des Erblassers vorhanden sind;
- ob ein Rechtsstreit wegen der Erbschaft anhängig ist.

Dazu brauchen Sie neben der Sterbeurkunde das Familienstammbuch oder andere standesamtlichen Urkunden, aus denen sich Verwandtschaftsverhältnisse oder die Eheschließung mit dem Verstorbenen ergeben. Wenn ein Angehöriger, der ebenfalls Erbansprüche gehabt hätte, vorverstorben ist – z. B. Ihre Mutter oder Ihr Vater –, muß auch das urkundlich belegt werden (§ 2354 Abs. 2 BGB). Das gilt sogar dann, wenn jemand aus anderen Gründen – Erbausschlagung, Ehescheidung, Erbverzicht usw. – aus dem Kreis der Erbberechtigten ausgeschieden ist.

Ähnliche Angaben sind auch als testamentarisch eingesetzter Erbe zu machen, wobei hier die Verfügung zu bezeichnen ist, auf der das Erbrecht beruht (§ 2355 BGB).

Falls Sie die Richtigkeit all Ihrer Angaben nicht durch öffentliche Urkunden nachweisen können, sind andere Beweismittel, wie etwa Zeugenaussagen, zulässig. Das Nachlaßgericht kann von Ihnen die Abgabe einer eidesstattlichen Versicherung verlangen, daß Ihnen nichts bekannt ist, was der Richtigkeit Ihrer Angaben entgegensteht. Für die Beurkundung und für die Erteilung des Erbscheins wird jeweils eine Gebühr erhoben, die sich nach dem Wert des Nachlasses nach Abzug der Nachlaßverbindlichkeiten richtet.

! Antragsberechtigt sind der Alleinerbe, der Miterbe, der Vorerbe, der Nacherbe nach Eintritt des Nacherbfalls, ferner der Testamentsvollstrecker, der Nachlaßverwalter, der Nachlaßkonkursverwalter oder der Gläubiger, der in den Nachlaß vollstrecken will.

Das Gericht entscheidet über den Antrag

Ob der beantragte Erbschein wirklich ausgestellt wird, hat das Gericht zu prüfen. Es richtet sich dabei nicht nur nach den Angaben des Antragstellers, sondern hat von Amts wegen die erforderlichen Ermittlungen vorzunehmen. So kann es eine öffentliche Aufforderung erlassen, damit mögliche Erbrechte anderer Personen angemeldet werden können (§ 2358 BGB).

Ist ein Rechtsstreit über das Erbrecht anhängig, so soll vor der Erteilung des Erbscheins der Gegner des Antragstellers gehört werden (§ 2360 BGB).

Der Erbschein wird nur erteilt, wenn das Nachlaßgericht die zur Begründung des Antrags erforderlichen Tatsachen für festgestellt erachtet. Je nach Erfordernis werden dabei folgende Erbscheine ausgestellt:

- der Erbschein eines Alleinerben;
- ein Teilerbschein, wenn jedem Miterben ein gesonderter Erbschein erteilt wird;
- ein gemeinschaftlicher Erbschein, wenn das Erbrecht mehrerer Erben in einem Erbschein enthalten ist;

- ein gegenständlich beschränkter Erbschein, wenn sich nur ein Teil des Nachlasses im Inland befindet.

Im Erbschein für den Vorerben muß die Nacherbfolge angegeben werden.

! Wenn sich später ergeben sollte, daß der erteilte Erbschein unrichtig war, muß ihn das Nachlaßgericht einziehen – auch wenn inzwischen eine lange Zeit vergangen ist. Mit der Einziehung wird der Erbschein kraftlos (§ 2361 Abs. 1 BGB).

Die Haftung des Erben

Der Antritt der Erbschaft ist mit der Haftung für die Nachlaßverbindlichkeiten verbunden. Das Vermögen des Verstorbenen und das des Erben stellen zunächst zwei Vermögensmassen dar. Erst mit der Annahme der Erbschaft vereinigen sie sich zu einem einheitlichen Vermögen in der Hand des Erben. Er ist es, der nun für die Schulden des Verstorbenen haftet (§ 1967 BGB).

! Zu den Nachlaßverbindlichkeiten gehören außer den vom Erblasser herrührenden Schulden die Verbindlichkeiten, die den Erben als solchen treffen, insbesondere die Verbindlichkeiten aus Pflichtteilsrechten, Vermächtnissen und Auflagen.

Der Erbe ist also verpflichtet,

- einen Bankkredit des Verstorbenen zu tilgen;
- die Raten für das noch vor kurzem gekaufte Auto abzubezahlen;
- Steuern ans Finanzamt zu überweisen.

All das gehört zu den *Erblasserschulden*.

Die *Erbfallschulden* entstehen mit dem Tod des Erblassers. Dazu zählen Ansprüche aus Vermächtnissen, Auflagen und Pflichtteilsrechten, Erbersatzansprüche eines nichtehelichen Kindes, der Voraus und der Dreißigste sowie Ansprüche auf den Zugewinnausgleich.

Als *Erbschaftsverwaltungskosten* werden die Kosten für Verwaltungsmaßnahmen nach dem Tod des Erblassers bezeichnet, also Bestattungskosten, die Kosten der Testamentseröffnung, der Bestellung eines Nachlaßpflegers oder des Nachlaßkonkurses.

Alle diese Verbindlichkeiten können für den Erben eine außerordentliche Belastung mit sich bringen. Er haftet zunächst unbeschränkt dafür, hat jedoch verschiedene Möglichkeiten, diese Nachlaßverbindlichkeiten einzugrenzen und die Haftung auf den Nachlaß zu beschränken.

Unser Tip

☛ **Der Erbe kann aufschiebende Einreden erheben, nämlich die Einrede des Aufgebotsverfahrens und die sogenannte Dreimonatseinrede. Damit erlangt er zunächst einmal Aufschub vor den Forderungen der Gläubiger. Er braucht ja auch Zeit, um sich einen genauen Überblick über den Nachlaß zu verschaffen und notfalls Geld für die Bezahlung der Verbindlichkeiten bereitzustellen.**

Die Einrede des Aufgebotsverfahrens

Um sich Aufschluß über den Stand des Nachlasses und die Höhe der Verbindlichkeiten zu verschaffen, besteht die Möglichkeit, binnen eines Jahres nach Annahme der Erbschaft einen Antrag an das Nachlaßgericht zu stellen, ein Aufgebot zu erlassen. Dieses enthält die Aufforderung an die Nachlaßgläubiger, ihre Forderungen innerhalb einer bestimmten Frist anzumelden.

! Der Erbe hat das Recht, die Erfüllung der Nachlaßverbindlichkeiten zu verweigern, bis das Aufgebotsverfahren beendet ist.

Nach Ablauf der Anmeldefrist erläßt das Gericht ein Ausschlußurteil. Gläubiger, die sich nicht gemeldet haben, sind jetzt gegenüber denen, die sich gemeldet haben, zurückgesetzt. Der Erbe haftet ihnen gegenüber nicht mehr mit seinem Eigenvermögen und kann die Leistung ihnen gegenüber verweigern, wenn der Nachlaß durch die Befriedigung der nicht ausgeschlossenen Gläubiger erschöpft ist (§ 1973 BGB).

Die Dreimonatseinrede

Die Dreimonatseinrede berechtigt den Erben, die Erfüllung einer Nachlaßverbindlichkeit zu verweigern, solange noch nicht drei Monate seit Annahme der Erbschaft verstrichen sind (§ 2014 BGB). Damit erreicht er aber nur einen Aufschub der Zwangsvollstreckung.

! Die Dreimonatsfrist endet vorzeitig, sobald der Erbe ein Inventar errichtet und beim Nachlaßgericht eingereicht hat. Denn mit einem solchen Verzeichnis der Nachlaßgegenstände hat er die erforderliche Übersicht und kann mit der Schuldentilgung beginnen (§§ 1993, 2014 BGB).

Nachlaßverwaltung und Nachlaßkonkurs

Wenn der Erbe zur Überzeugung kommt, daß der Nachlaß zwar nicht überschuldet ist, aber dennoch mit erheblichen Verbindlichkeiten zu rechnen ist, kann er vom Gericht Nachlaßverwaltung anordnen lassen (§ 1975 BGB).

! Macht er von dieser Möglichkeit Gebrauch, so beschränkt sich seine Haftung auf den Nachlaß, sein eigenes Vermögen ist geschützt.

Der Antrag auf Nachlaßverwaltung wird vom Erben gestellt. Aber auch Gläubiger können die Verwaltung beantragen, wenn sie begründet annehmen müssen, daß die Begleichung der Schulden durch das Verhalten oder die Vermögenslage des Erben gefährdet ist.

Das Nachlaßgericht prüft den Sachverhalt und bestellt einen Nachlaßverwalter. Oder es lehnt die Verwaltung ab, wenn die Erbmasse noch nicht einmal ausreicht, um die Kosten des Verfahrens einschließlich der Vergütung für einen Verwalter zu decken. Dann bleibt dem Erben nur noch übrig, die Einrede der Dürftigkeit des Nachlasses zu erheben. Das bedeutet: Er kann Zahlungen an einen Gläubiger verweigern, soweit der Nachlaß dafür nicht ausreicht (§ 1982, 1990 BGB).

! Mit der Anordnung der Nachlaßverwaltung ist es dem Erben verboten, über den Nachlaß weiterhin zu verfügen.
Liegt Überschuldung vor, wird die Nachlaßverwaltung in den Nachlaßkonkurs übergeleitet.

Unterhalt als in der Höhe begrenzte Nachlaßverbindlichkeit

Im allgemeinen erlischt der Unterhaltsanspruch (des Ehegatten, der Kinder oder Eltern) mit dem Tode des Berechtigten oder des Verpflichteten (§§ 1360, 1615 BGB). An die Stelle des Unterhalts tritt jetzt der Erbanspruch, zumindest aber der Pflichtteilsanspruch.

Anders liegen die Dinge beim geschiedenen Ehegatten, der bisher Unterhalt erhielt. Er hat keinen Pflichtteilsanspruch. Die Unterhaltspflicht des Verstorbenen geht mit seinem Tod auf den Erben als Nachlaßverbindlichkeit über.

! Der geschiedene Ehegatte erhält aber nicht mehr als ein Pflichtteilsberechtigter. Der Erbe haftet somit nicht über den Betrag hinaus, der als Pflichtteil zu errechnen gewesen wäre, wenn die Ehe noch bis zum Tode des Erblassers bestanden hätte (§ 1586 BGB).

Der Dreißigste als zeitlich begrenzte Nachlaßverbindlichkeit

Der »Dreißigste« ist ein Anspruch auf Unterhalt während der ersten 30 Tage nach dem Erbfall, der Familienangehörigen zusteht. Das Gesetz sagt dazu: Der Erbe ist verpflichtet, Familienangehörigen des Erblassers, die zur Zeit des Todes des Erblassers zu dessen Hausstand gehört und von ihm Unterhalt bezogen haben, in den ersten dreißig Tagen nach dem Eintritt des Erbfalls in demselben Umfang, wie der Erblasser es getan hat, Unterhalt zu gewähren und die Benutzung der Wohnung und der Haushaltsgegenstände zu gestatten (§ 1969 Abs. 1 BGB).

Das bedeutet: Die Erben sind verpflichtet, dem Ehegatten und anderen Familienangehörigen des Verstorbenen z. B. Haushaltsgeld, Miete, Heizung usw. zu bezahlen und ihnen die Benutzung der Wohnung und der Haushaltsgegenstände zu gestatten.

! Voraussetzung ist allerdings, daß die Familienangehörigen zusammen mit dem Verstorbenen in einem Hausstand gelebt und von ihm ebenfalls Unterhalt bekommen haben.

Die Erbengemeinschaft

Je schneller sie sich auflöst, desto besser ist es

Mit dem Tod des Erblassers geht sein gesamter Nachlaß ungeteilt auf die Erben über. Wenn es mehrere Erben gibt, wird der Nachlaß gemeinschaftliches Vermögen der Erben (§ 2032 BGB).

Ziel der Erbengemeinschaft ist die Auseinandersetzung, also die Verteilung der einzelnen Nachlaßteile oder Gegenstände auf die Erben. Daß dies so schnell wie möglich geschieht, hat neben dem Interesse der einzelnen daran noch einen praktischen Grund: Es könnte ja sein, daß vor Abschluß der Auseinandersetzung ein Miterbe oder mehrere Miterben sterben. Sie hinterlassen vielleicht auch mehrere Erben, die sich als Erbeserbengemeinschaft in den Nachlaßanteil des verstorbenen Miterben teilen.

Je größer jedoch die Zahl der Miterben ist, desto schwieriger ist meist auch die Auseinandersetzung.

! Wenn der Erblasser einen Testamentsvollstrecker eingesetzt hat, gehört die Auseinandersetzung des Nachlasses zu dessen Aufgaben.
Wenn nicht, müssen das die Erben selbst tun. Sie können dabei die Hilfe des Nachlaßgerichts, in einigen Bundesländern auch die eines Notars in Anspruch nehmen.

Die Rechtsstellung der Miterben

Keinem Miterben gehören die Nachlaßgegenstände allein, es entsteht eine Gemeinschaft zur gesamten Hand. Sie bleibt bis zur Aufteilung der Erbschaft bestehen. Erst was der Miterbe bei der Aufteilung des Nachlasses erhält, wird Bestandteil seines eigenen Vermögens.

! Jeder Miterbe kann jedoch über seinen *Anteil* am Nachlaß verfügen (§ 2033 BGB), ihn z. B. verkaufen oder verpfänden. Auf diese Weise hat er die Möglichkeit, sich aus der Erbengemeinschaft herauszulösen und seinen Anteil sofort wirtschaftlich zu verwerten. Er ist nicht darauf angewiesen, noch lange abzuwarten, bis sich alle Erben über die Verteilung geeinigt haben.

Er ist auch nicht gezwungen, seinen Anteil oder Bruchteile davon an seine Miterben zu verkaufen. Er kann ohne weiteres an Dritte verkaufen. Dabei veräußert er seinen Erbanteil nur als Quote. Das heißt, der Erwerber dieser Quote tritt damit anstelle des Verkäufers in die Erbengemeinschaft ein. Oder, wenn nur ein Bruchteil der Quote veräußert wird, zusammen mit dem Verkäufer. Um zu verhindern, daß auf diese Weise Fremde in die Erbengemeinschaft eindringen, haben die anderen Miterben jedoch ein Vorkaufsrecht (§ 2034 BGB). Dadurch ist sichergestellt, daß der Nachlaß im Kreis der Erben verbleibt, wenn diese es wollen.

! Die Frist für die Ausübung des Vorkaufsrechts, das auch vererblich ist, beträgt zwei Monate, danach erlischt es. Wenn der verkaufte Anteil bereits an den Käufer übertragen worden ist, so können die Miterben das ihnen zustehende Vorkaufsrecht dem Käufer gegenüber ausüben (§ 2035 BGB). Er muß dann den erworbenen Erbteil wieder an die verbliebenen Miterben verkaufen und übertragen.

Unser Tip

☛ **Das Recht des Miterben, über seinen Anteil zu verfügen, ist von großer Bedeutung, und zwar besonders dann, wenn ein Grundstück zum Nachlaß gehört. Einzelne Miterben können nämlich ihre Anteile an einen Miterben verkaufen mit dem Ergebnis, daß bei Übertragung sämtlicher Anteile auf ihn sich die Erbschaft in seiner Hand vereinigt und die Erbengemeinschaft damit verschwunden ist.**

! Über seinen Anteil an den einzelnen *Nachlaßgegenständen,* etwa an einem Grundstück, kann ein Miterbe dagegen nicht verfügen.

Der Vertrag, durch den ein Miterbe über seinen Anteil verfügt, muß notariell beurkundet werden.

Die Verwaltung des Nachlasses durch die Erbengemeinschaft

Die Aufteilung der Gegenstände, die den Nachlaß bilden, kann sich eine gewisse Zeit hinziehen. In der Zwischenzeit muß für den Nachlaß gesorgt werden. Das heißt, es müssen Maßnahmen ergriffen werden, um ihn zu erhalten, zu nutzen und eventuell zu vermehren.

! Die Verwaltung des Nachlasses steht den Erben gemeinschaftlich zu. Jeder Miterbe ist den anderen gegenüber verpflichtet, zu Maßregeln mitzuwirken, die zur ordnungsmäßigen Verwaltung erforderlich sind; die zur Erhaltung notwendigen Maßregeln kann jeder Miterbe ohne Mitwirkung der anderen treffen (§ 2038 BGB).
Zu den Maßnahmen gehören z. B. Reparaturarbeiten an einem Haus, die Einziehung der Miete, der Abschluß von Mietverträgen, die Kündigung eines Darlehensvertrages, die Umschichtung eines Wertpapierdepots usw.

Je nach der Bedeutung für die Erbengemeinschaft sind drei Bereiche der Verwaltung zu unterscheiden. Es gibt Maßnahmen,

- die nur gemeinschaftlich getroffen werden dürfen;
- die von der Mehrheit getroffen werden dürfen;
- die jeder Miterbe alleine treffen kann.

Grundsätzlich gilt zwar die gemeinschaftliche Verwaltung durch die Miterben. Die Einstimmigkeit ist jedoch nur dann erforderlich, wenn es sich nicht um Maßnahmen der ordnungsgemäßen Verwaltung handelt.

Unser Tip

☛ **Die Abrenzung von ordnungsgemäßer und nichtordnungsgemäßer Verwaltung ist also von großer Bedeutung. Denn sie entscheidet** darüber, ob Einstimmigkeit oder nur ein Mehrheitsbeschluß erforderlich ist.

Das bedeutet: Die alltägliche und bestimmungsgemäße Verwendung der zum Nachlaß gehörenden Gegenstände wie z. B. die Vermietung einer Wohnung oder der Betrieb eines vorhandenen Geschäftes geht über die ordnungsgemäße Verwaltung nicht hinaus. Dagegen ist die wesentliche Veränderung des gesamten Nachlasses mehr als ordnungsgemäße Verwaltung. Wenn z. B. der Nachlaß im wesentlichen aus einem großen Mietshaus besteht, ist dessen Verkauf und die Anlage des Erlöses in Wertpapieren mehr als ordnungsgemäße Verwaltung. Die Entscheidung darüber kann deshalb nur gemeinschaftlich und einstimmig von allen Miterben beschlossen werden.

! Bei den Maßnahmen der ordnungsgemäßen Verwaltung (§§ 745, 2038 Abs. 1, Satz 2, Abs. 2, Satz 1 BGB) genügt eine Mehrheitsentscheidung.

Die Mehrheit errechnet sich hier nicht nach der Zahl der Köpfe; maßgebend für das Gewicht der einzelnen Stimmen ist die Größe der Erbteile.

Beispiel:

Ein Miterbe hat einen Anteil von 30 Prozent, ein anderer einen Anteil von 21 Prozent. In die restlichen 49 Prozent teilen sich weitere sieben Miterben. Die beiden Haupterben haben gegenüber den sieben anderen die Mehrheit.

Auch die bei einer solchen Abstimmung unterlegenen Miterben sind verpflichtet, an den Maßnahmen der ordnungsgemäßen Verwaltung mitzuwirken. Die Mitwirkung kann notfalls klageweise erzwungen werden.

Schließlich gibt es noch den Bereich der sogenannten Notverwaltung; hier darf jeder Miterbe allein handeln. Das trifft zu bei unaufschiebbaren Verwaltungsmaßnahmen: wenn z. B. ein Rohrbruch in einem Haus beseitigt oder eine zerbrochene Fensterscheibe ersetzt werden soll.

Unsere Tips

☛ Von der Rechtsstellung der Miterben untereinander, von der eben die Rede war, zu trennen ist ihre Vertretungsmacht nach außen, das rechtswirksame Handeln für den Nachlaß. Da, wo intern Einstimmigkeit erforderlich ist (Verträge, die über die ordnungsgemäße Verwaltung hinausgehen), müssen auch alle Miterben die entsprechenden Vertragserklärungen abgeben.
Bei den Geschäften der ordnungsgemäßen Verwaltung gilt im Innenverhältnis der Miterben das Mehrheitsprinzip.
Dieser interne Beschluß, ein bestimmtes Geschäft zu tätigen, muß auch als Bevollmächtigung der Mehrheit zum Geschäftsabschluß angesehen werden.
Schließlich kann der einzelne Miterbe die Erbengemeinschaft bei Notverpflichtungsgeschäften gesetzlich vertreten. Er kann also z. B. den Vertrag mit dem Installateur, der den Rohrbruch reparieren soll, abschließen.

☛ Hier muß noch auf ein wichtiges Element hingewiesen werden, das aus der strengen Trennung von *Verpflichtungsgeschäft* und *Verfügung* im deutschen Recht herrührt.
Verfügungen über einen Nachlaßgegenstand – also die Übertragung des Eigentums an einem Nachlaßgegenstand, die Belastung eines zum Nachlaß gehörenden Grundstücks mit einer Hypothek, Änderung und Aufhebung eines zum Nachlaß gehörenden Rechts – also jede unmittelbare Einwirkung auf ein bestehendes Recht der Erbengemeinschaft, erfordern das Zusammenwirken aller Miterben (§ 2040 Abs. 1 BGB).

Beispiel:

Die Mehrheit hat rechtswirksam beschlossen, im Rahmen der ordnungsgemäßen Verwaltung die Hopfenernte des Jahres an eine

Brauerei zu verkaufen. Der Kaufvertrag mit der Brauerei ist ebenfalls rechtswirksam, weil anzunehmen ist, daß mit dem Mehrheitsbeschluß eine entsprechende Vertretungsmacht nach außen für einen oder mehrere Miterben geschaffen wurde.
An der Eigentumsübertragung des Hopfens müssen allerdings alle Miterben mitwirken. Diese Mitwirkung kann notfalls gerichtlich erzwungen werden.
Entsprechend schwerfällig gestaltet sich daher das Handeln der Erbengemeinschaft bei Verfügungen, entsprechend groß ist das Interesse, die Erbengemeinschaft aufzulösen.

☛ Nachlaßforderungen kann jeder Miterbe geltend machen und z. B. die Miete von einem Mieter fordern. Er kann jedoch die Leistung nicht für sich allein, sondern nur für die Erbengemeinschaft verlangen.

Die Auseinandersetzung

Nur wenn sich alle einig sind, kann zügig aufgeteilt werden

Um aus dieser lästigen Zwangsgemeinschaft herauszukommen, kann jeder Erbe jederzeit die Aufhebung dieser Gemeinschaft verlangen (§ 2042 BGB).

Von dieser Regel gibt es einige Ausnahmen:

- Die Miterben können vereinbaren, daß die Auseinandersetzung für immer oder auf Zeit ausgeschlossen wird. Eine solche Vereinbarung kann dann nur aus wichtigen Gründen wieder aufgehoben werden (§§ 749 Abs. 2, 2042 Abs. 2 BGB).
- Der Erblasser kann durch seine letztwillige Verfügung bestimmen, daß die Auseinandersetzung bis zur Dauer von 30 Jahren ausge-

schlossen wird. Er kann auch die Auseinandersetzung von einer Kündigung durch einen oder mehreren Miterben unter Einhaltung einer bestimmten Kündigungsfrist abhängig machen.

- Sodann ist die Auseinandersetzung solange gesetzlich ausgeschlossen (§ 2043 BGB), wie die Erbteile wegen der zu erwartenden Geburt eines Miterben noch unbestimmt sind.

Das Verfahren zur Auseinandersetzung

Ein Erblasser, der einem großen Kreis von Familienmitgliedern einen umfangreichen Nachlaß hinterlassen wird, ist gut beraten, wenn er einen Testamentsvollstrecker einsetzt, der die Auseinandersetzung nach den Angaben des Erblassers in vernünftiger Weise ausführt.

Aber häufig fehlt ein solcher Testamentsvollstrecker. Dann ist die Auseinandersetzung der gütlichen Einigung den Erben überlassen. Nur wenn sich alle einig sind, ist die Aufteilung relativ problemlos.

Die Miterben können sich auch vom Nachlaßgericht oder einem Notar beraten lassen, Teilungsvorschläge einholen und um Vermittlung bitten.

! Das Ziel dieser Einigung ist der Abschluß eines Auseinandersetzungsvertrags, der die Teilung ganz nach den Wünschen der Erbengemeinschaft regelt. Er ist die Rechtsgrundlage für die Übertragung der einzelnen Nachlaßgegenstände auf die Miterben.

Die Auseinandersetzungsklage

Wenn es trotz aller Bemühungen und Vermittlungshilfen des Nachlaßgerichtes nicht gelingt, einen Auseinandersetzungsvertrag zwischen allen Miterben abzuschließen, dann bleibt nur der Prozeßweg.

Unser Tip

☛ Zur Klage sind Sie auch berechtigt, ohne daß Sie erst einen Versuch mit der Vermittlung durch das Nachlaßgericht machen müssen. Sie stellen dazu einen Auseinandersetzungsplan auf, der Ihren Vorstellungen entspricht. Mit der Klage wird die Zustimmung zu der beantragten Auseinandersetzung verlangt.
Hierbei hat das Gericht keine Möglichkeit, gestaltend einzugreifen. Es darf nur darüber befinden, ob der vorgeschlagene Auseinandersetzungsplan alle bindenden Teilungsregelungen und die ergänzenden, nicht zwingenden Auseinandersetzungsregeln berücksichtigt. Diese sind:
- Teilungsanordnungen des Erblassers;
- Bestimmungen eines Dritten, die dieser aufgrund einer Anordnung des Erblassers nach billigem Ermessen getroffen hat;
- Vereinbarungen der Erben;
- gesetzliche Teilungsregeln.

Nach diesen gesetzlichen Bestimmungen über die Auseinandersetzung müssen zunächst die Nachlaßverbindlichkeiten beglichen werden. Hierzu müssen, soweit erforderlich, Nachlaßgegenstände verkauft werden (§ 2046 BGB).

Ist eine Nachlaßverbindlichkeit noch nicht fällig, oder ist sie streitig, so müssen dafür Rücklagen gebildet werden.

Was nach Bezahlung der Nachlaßverbindlichkeiten übrig bleibt, wird unter den Erben entsprechend den Erbquoten verteilt (§ 2047 BGB).

Dabei sollte eine Teilung in Natur vorgenommen werden (§§ 752, 2042 BGB). Nur wenn das nicht möglich ist, ist der Nachlaß zu verkaufen und der Erlös nach dem Verhältnis der Erbteile zu verteilen.

! Wenn alle bindenden Teilungsregelungen und die gesetzlichen Empfehlungen zur Überzeugung des Gerichts eingehalten wurden, werden die Miterben verurteilt, ihre Zustimmung zu erklären. Die fehlende Zustimmung von Miterben wird damit durch das Gerichtsurteil ersetzt. Der Auseinandersetzungsplan ist jetzt für die Miterben bindend und stellt einen Vollstreckungstitel dar.

Da jeder Miterbe seine eigenen Interessen verfolgt, können auch mehrere unterschiedliche Erbauseinandersetzungsanträge gestellt werden. Der Weg durch die Instanzen kann sich bei solchen Erbauseinandersetzungen manchmal über Jahre hinziehen.

Ausgleich des Vorempfangs

Im Gesetz heißt es: Kinder erben zu gleichen Teilen (§ 1924 Abs. 4 BGB). Um diese Gleichbehandlung möglichst vollkommen zu erreichen, sollen bei gesetzlicher – nicht bei gewillkürter – Erbfolge besondere Zuwendungen des Erblassers, die schon zu Lebzeiten erfolgt sind, in die Berechnung des Auseinandersetzungsguthabens einbezogen werden (§§ 2050–2057 BGB).

Die Empfänger solcher Zuwendungen müssen sich bei der Auseinandersetzung deren Wert auf ihren Erbteil anrechnen lassen.

! Ausgleichspflichtig ist laut Gesetz eine Ausstattung (§ 2050 BGB). Darunter versteht man alle Zuwendungen, die einem Kind anläßlich seiner Heirat oder zur Erlangung einer selbständigen Lebensstellung gemacht worden sind (§ 1624 BGB). Dazu zählt z. B. eine Aussteuer bei der Hochzeit oder eine besondere Hilfe zur Begründung einer beruflichen Existenz.

Zuschüsse zum Lebensunterhalt oder Aufwendungen für die Vorbildung zu einem Beruf des Kindes sind jedoch nur dann auszugleichen, wenn sie ein den Vermögensverhältnissen des Erblassers entsprechendes Maß überstiegen haben, also nicht

unbedingt in voller Höhe (§ 2050 Abs. 2 BGB). Dazu zählen etwa Studien-, Promotions- oder Fachschulkosten, wenn die Vermögensverhältnisse des Erblassers beschränkt sind. Solche Aufwendungen sind aber nicht ausgleichspflichtig, wenn sie zum normalen Lebenszuschnitt der Familie des Erblassers gehören.
Ausgleichspflichtig ist jeder Vermögensvorteil, den ein Kind auf Kosten des späteren Nachlasses vom Erblasser erhalten hat, soweit er nicht auf der gesetzlichen Unterhaltspflicht beruhte. Auch Zuwendungen wie z. B. Geschenke können auszugleichen sein, falls der Erblasser das bei der Zuwendung bereits angeordnet hatte (§ 2050 Abs. 3 BGB).
Jeder Miterbe ist verpflichtet, den übrigen Erben auf Verlangen Auskunft über die auskunftspflichtigen Zuwendungen zu erteilen (§ 2057 BGB). Dabei muß auch der Wert der Zuwendung angegeben werden.

Unsere Tips

☛ Wenn angenommen werden kann, daß die Auskunft nicht mit der erforderlichen Sorgfalt erteilt wurde, kann sogar eine eidesstattliche Versicherung darüber verlangt werden. Der Ausgleich erfolgt aber immer nur zwischen den Abkömmlingen. Der überlebende Ehegatte kann seine volle Erbquote beanspruchen.

☛ Wenn ein Kind durch die Zuwendung bereits mehr erhalten hat, als ihm bei der Erbauseinandersetzung zukommen würde, so muß es den Mehrbetrag nicht an die Miterben herausgeben.
Der Nachlaß wird in einem solchen Fall unter den übrigen Erben in der Weise geteilt, daß der Wert der Zuwendung und der Erbteil des Miterben außer Ansatz bleiben (§ 2056 BGB).

☛ Auch die Ausgleichungspflicht vererbt sich. Ist ein Kind, das als Erbe zur Ausgleichung verpflichtet sein würde, vor oder nach dem

Erbfall gestorben, so ist der an seine Stelle tretende Abkömmling ebenso zur Ausgleichung verpflichtet.

☛ Die Ausgleichung findet so statt, daß jedem Miterben der Wert der auszugleichenden Zuwendung auf seinen Erbteil angerechnet wird. Er erhält also vom Erbe nur die Differenz zwischen dem Wert der Zuwendung und seinem Erbteil.

Beispiel:
Der Erblasser, der in einer Zugewinngemeinschaft gelebt hat, hinterläßt seine Ehefrau und die drei Kinder Anne, Christine und Philipp. Sein Nachlaß hat nach Abzug der Nachlaßverbindlichkeiten einen Wert von 120 000 DM.
Die Kinder haben folgende ausgleichspflichtige Zuwendungen erhalten:

- Tochter Anne bekam 10 000 DM als Aussteuer neben den Kosten für eine Berufsausbildung
- Christine erhielt 20 000 DM für ein Zusatzstudium in den USA;
- der jüngste Sohn Philipp steht vor dem Abitur und hat noch nichts erhalten.

Vom Nachlaß in Höhe von 120 000 DM bekommt die Ehefrau 60 000 DM als gesetzlichen Erbteil einschließlich des Zugewinnausgleichs.
Es bleibt ein Restnachlaß von 60 000 DM. Diesem Betrag werden die ausgleichspflichtigen Zuwendungen von 30 000 DM theoretisch hinzugerechnet.
So ergibt sich im vorliegenden Fall ein rechnerischer Restnachlaß in Höhe von 90 000 DM. Alle drei Kinder erben als gesetzliche Erben zu gleichen Teilen, also je 30 000 DM. Auf diesen Betrag muß sich Anne ihre Zuwendung von 10 000 DM anrechnen lassen, so daß sie bei der Auseinandersetzung 20 000 DM erhält.
Christine muß sich auf ihren Erbteil von 30 000 DM die Zuwen-

dung von 20 000 DM anrechnen lassen, so daß ihr bei der Auseinandersetzung noch 10 000 DM zustehen.
Sohn Philipp erhält seinen vollen Anteil von 30 000 DM.

Ausgleichungspflicht bei besonderer Mitarbeit oder Pflege

Es sollen jedoch nicht nur Zuwendungen ausgeglichen werden, die Kinder vom Erblasser erhalten haben. Das Gesetz sieht gerechterweise vor, daß auch umgekehrt besondere Dienstleistungen auszugleichen sind, die ein Kind zugunsten des Verstorbenen geleistet hat.

! Hat ein Abkömmling, der durch Mitarbeit im Haushalt, Beruf oder Geschäft des Erblassers während längerer Zeit, durch erhebliche Geldleistungen oder in anderer Weise in besonderem Maße dazu beigetragen, daß das Vermögen des Erblassers erhalten oder vermehrt wurde, kann er bei der Auseinandersetzung eine Ausgleichung unter den Abkömmlingen verlangen, die mit ihm als gesetzliche Erben zur Erbfolge gelangen (§ 2057a BGB).
Das gilt z. B. für eine Tochter, die unter Verzicht auf ein eigenes berufliches Einkommen den verstorbenen Erblasser während längerer Zeit gepflegt hat.
Es gilt natürlich nicht, wenn die Arbeits- und Pflegeleistung bereits angemessen bezahlt wurde.

Unser Tip

☛ Wie hoch der Ausgleichsbetrag ist, richtet sich nach Dauer und Umfang der Leistungen des Abkömmlings; bei der Berechnung müssen aber auch der Wert des Nachlasses und Gesichtspunkte der Billigkeit berücksichtigt werden. Auf diese Weise werden unentgeltlich erbrachte Leistungen eines der Miterben wenigstens nachträglich anerkannt.

Der Pflichtteil

Manche bekommen auch etwas, wenn sie enterbt sind

Jeder kann seine nächsten Angehörigen enterben, indem er ein entsprechendes Testament macht und sie von der Erbfolge ausschließt. Es ist jedoch seit jeher als ungerecht empfunden worden, wenn jemand seinem Ehepartner, den Kindern und Enkeln gar nichts zukommen läßt.

! Deshalb sieht das Gesetz vor: Wer als naher Verwandter oder Ehegatte im Testament von der sonst eingetretenen gesetzlichen Erbfolge ausgeschlossen – enterbt – wurde, hat Anspruch darauf, vom hinterlassenen Vermögen einen Teil in Geld zu bekommen. Diesen Anspruch nennt man den Pflichtteil. Dahinter steht der Gedanke, daß es eine über den Tod hinausgehende Sorgepflicht für nahe Verwandte gibt. Der Pflichtteilsanspruch ist vererblich und übertragbar.

Zum Pflichtteil kommt es aber nicht nur dadurch, daß die Pflichtteilsberechtigten durch letztwillige Verfügung von der Erbfolge ausgeschlossen werden. Der Pflichtteil kann ihnen durch das Testament auch ausdrücklich zugewendet werden, etwa mit der Formulierung: »Mein Sohn Werner soll nur den Pflichtteil erhalten.«

Die Rechte der Pflichtteilsberechtigten

Ein Pflichtteilsberechtigter ist nicht Erbe, sondern Gläubiger des oder der Erben. Er kann z. B. nicht verlangen, daß ihm bestimmte Nachlaßgegenstände ausgehändigt werden, gleichgültig, ob das bewegliche Dinge oder Bankguthaben und Wertpapiere sind.

Auch nimmt er nicht teil an der Verwaltung des Nachlasses. Der Pflichtteilsanspruch ist vielmehr ein Anspruch auf Zahlung einer Geldsumme in Höhe der Hälfte des Wertes des gesetzlichen Erbteils, das dem übergangenen Angehörigen ohne die entsprechende Verfügung im Testament zugefallen wäre.

Beispiel:
Wenn ein Mann z. B. eine Ehefrau und zwei Söhne hinterläßt, von denen ein Sohn im Testament ausdrücklich von der Erbfolge ausgeschlossen, also »enterbt« ist, sieht die Rechnung so aus: Die Ehefrau bekommt die Hälfte (im Güterstand der Zugewinngemeinschaft), die beiden Söhne würden jeder ein Viertel bekommen.

Dem enterbten Sohn steht aber nur die Hälfte von einem Viertel zu, also ein Achtel. Wäre er der einzige Sohn, so hätte er als gesetzlicher Erbe neben seiner Mutter Anspruch auf die Hälfte des Nachlasses gehabt. Als Pflichtteilsberechtigter könnte er dann also den Wert eines Viertels des gesamten Nachlasses für sich beanspruchen.

Wem steht ein Pflichtteil zu?

Nicht alle gesetzlichen Erben sind pflichtteilsberechtigt, sondern nur die Kinder und Kindeskinder (also die Abkömmlinge) des Verstorbenen sowie der Ehegatte.

Die Eltern des Verstorbenen sind nur dann pflichtteilsberechtigt, wenn keine Abkömmlinge vorhanden sind. Das gilt auch für den Fall, daß der Verstorbene ein nichteheliches Kind war: Dann ist neben der Mutter der nichteheliche Vater pflichtteilsberechtigt.

! Weder Geschwister noch die Großeltern, noch entferntere Verwandte können einen Pflichtteil verlangen, auch wenn sie ohne das Testament des Erblassers zu (gesetzlichen) Erben geworden wären.

Dagegen ist ein nichteheliches Kind beim Tod seines Vaters pflichtteilsberechtigt, wenn ihm der Erbersatzanspruch durch das Testament entzogen worden ist. Das Gesetz stellt in diesem Fall den Erbersatzanspruch dem gesetzlichen Erbteil gleich.

Wie schon an anderer Stelle gesagt, ist auch ein Kind, das zum Zeitpunkt des Todes schon gezeugt, aber noch nicht geboren war, erbberechtigt. Und deshalb hat dieses Kind ebenfalls Anspruch auf einen Pflichtteil, wenn es später lebend geboren wird und im Testament von der Erbfolge ausgeschlossen wurde.

Kann der Pflichtteil entzogen werden?

Der Anspruch auf einen Pflichtteil beruht auf dem Gesetz. Deshalb ist nur unter eng begrenzten Voraussetzungen möglich, einem Erbberechtigten den Pflichtteil vorzuenthalten.

Der Grund für die Pflichtteilsentziehung, eine schwere Verfehlung, muß bei der Errichtung des Testaments bestehen und klar und eindeutig genannt werden. Nennt der Erblasser die Gründe nicht, die ihn zu seiner Verfügung veranlaßten, oder führt er solche an, die im Gesetz nicht erwähnt sind, so ist der Pflichtteilsentzug unwirksam. Das gleiche gilt, wenn der Erblasser die Verfehlung später verziehen oder wenn sich das Kind beim Erbfall bereits dauernd von seinem verwerflichen Lebenswandel abgewandt hatte.

! Pflichtteilsentzug ohne testamentarische Angabe eines gesetzlich zugelassenen und zutreffenden Grundes ist wirkungslos.

Pflichtteilsentzug bei Kindern

Der Erblasser kann einem Abkömmling den Pflichtteil entziehen, wenn der Abkömmling

- dem Erblasser, dem Ehegatten oder einem anderen Abkömmling des Erblassers nach dem Leben trachtet;

- sich einer vorsätzlichen körperlichen Mißhandlung des Erblassers oder des Ehegatten des Erblassers schuldig macht, im Falle der Mißhandlung des Ehegatten jedoch nur, wenn der Abkömmling von diesem abstammt;
- sich eines Verbrechens oder eines schweren vorsätzlichen Vergehens gegen den Erblasser oder dessen Ehegatten schuldig macht;
- die ihm dem Erblasser gegenüber gesetzlich obliegende Unterhaltspflicht böswillig verletzt;
- einen ehrlosen oder unsittlichen Lebenswandel gegen den Willen des Erblassers führt.

Dieses sind die einzig möglichen Entziehungsgründe. Andere gibt es nicht. Es kommt jedoch manchmal vor, daß ein Kind zwar keinen dieser Gründe liefert, der Erblasser ihm aber trotzdem den Pflichtteil nicht ohne weiteres zukommen lassen will – etwa dann, wenn das Kind mit Geld nicht umgehen kann oder vollkommen überschuldet ist. In diesen Fällen muß er damit rechnen, daß das, was dem Kind als Pflichtteil hinterlassen wird, sofort in dritte Hände gerät.

Unsere Tips

☛ Dem kann er in gewissen Grenzen vorbeugen, indem er den Pflichtteilsberechtigten hinsichtlich dieses Pflichtteils wie einen Vorerben in der Verfügungsmacht beschränkt. Es handelt sich hierbei um eine Beschränkung des Pflichtteils in guter Absicht. Und zwar geschieht das dadurch, daß die gesetzlichen Erben des Pflichtteilsberechtigten als Nacherben eingesetzt werden.

☛ Eine andere und wohl wirksamere Möglichkeit besteht in der Anordnung einer Testamentsvollstreckung mit der Maßgabe, daß der pflichtteilsberechtigte Abkömmling nur den Anspruch auf den jährlichen Reinertrag aus dem Vermögen, das ihm aus dem Pflichtteilsanspruch zukommt, erhält (§ 2338 BGB).

! Auch diese Anordnungen müssen im Testament getroffen werden. Ihr Grund muß zur Zeit der Errichtung des Testaments bestehen und im Testament angegeben werden.
Die Anordnungen sind jedoch unwirksam, wenn ihr Grund zwar zur Zeit der Errichtung des Testaments bestand, aber im Zeitpunkt des Erbfalls endgültig weggefallen ist.

Pflichtteilsentzug beim Ehegatten

Der Erblasser kann auch seinem Ehegatten den Pflichtteil entziehen, wenn der Ehegatte

- dem Erblasser oder einem Abkömmling des Erblassers nach dem Leben trachtet;
- sich einer vorsätzlichen körperlichen Mißhandlung des Erblassers schuldig macht;
- sich eines Verbrechens oder eines schweren vorsätzlichen Vergehens gegen den Erblasser schuldig macht;
- die ihm dem Erblasser gegenüber gesetzlich obliegende Unterhaltspflicht böswillig verletzt.

Verzicht auf das Pflichtteilsrecht

So wie es die Möglichkeit gibt, auf sein gesetzliches Erbrecht zu verzichten, kann auch auf das Pflichtteilsrecht verzichtet werden. Dieser Verzicht wird in einem notariellen Vertrag beurkundet. Worauf sich der Verzicht im Einzelfall beziehen soll – Erbrecht oder Pflichtteilsrecht – ist Sache der Vertragsschließenden.

Die Verjährung

Der Anspruch auf den Pflichtteil verjährt nach drei Jahren, gerechnet von dem Zeitpunkt an, an dem man nach dem Todesfall von der eigenen Enterbung erfahren hat. Tritt man erst nach der Dreijahresfrist an die Erben heran, so brauchen sie die Forderung nicht mehr zu erfüllen.

Wenn der Pflichtteilsberechtigte nichts vom Erbfall und von der letztwilligen Verfügung, die ihn von der Erbfolge ausschließt, erfährt, so verjährt der Pflichtteilsanspruch nach Ablauf von 30 Jahren vom Eintritt des Erbfalls an.

Pflichtteil in den neuen Bundesländern

Auf die Erbfälle, die vor dem 2. Oktober 1990 eingetreten sind, wird das ZGB der ehemaligen DDR angewendet. Danach kann der übergangene gesetzliche Erbe als Pflichtteil zwei Drittel des Wertes des gesetzlichen Erbteils verlangen.

Der Kreis der Pflichtteilsberechtigten ist enger gezogen. Die enterbte Ehefrau ist immer pflichtteilsberechtigt. Enterbte Kinder, Enkel und Eltern des Erblassers erhalten dagegen nur dann einen Pflichtteil, wenn der Erblasser ihnen gegenüber zum Zeitpunkt des Erbfalls unterhaltspflichtig war.

Wie kommt man zu seinem Pflichtteil?

Auch was vor dem Tod verschenkt wurde, zählt mit

Bei der Testamentseröffnung kann sich auch herausstellen, daß Sie enterbt wurden. Das heißt, im Testament stand entweder ausdrücklich: »Meine Tochter (meinen Sohn) enterbe ich«, oder Sie wurden gar nicht erwähnt, für den gesamten Nachlaß sind andere Erben eingesetzt worden.

! Wenn Sie zum Kreis der Pflichtteilsberechtigten gehören, ist mit dem Erbfall Ihr Anspruch auf den Pflichtteil entstanden (§ 2317 BGB), also auf einen Geldanspruch gegen die Erben in Höhe der Hälfte des Wertes des gesetzlichen Erbteils.
Es muß demnach festgestellt werden, zu welcher Quote der Pflichtteilsberechtigte geerbt hätte, wenn die gesetzliche Erbfolge eingetreten wäre. Dabei werden auch »Erben« mitgezählt, die wegen Enterbung, Erbausschlagung oder Erbunwürdigkeit nicht erben werden.
Wer allerdings durch Erbverzicht von der gesetzlichen Erbfolge ausgeschlossen ist, wird nicht mitgezählt, weil davon ausgegangen werden kann, daß er schon im Rahmen des Verzichts abgefunden wurde.

Der Geldbetrag, der dem Enterbten als Pflichtteil zusteht, wird sofort fällig. Wenn nicht genug Geld flüssig ist, muß der Erbe den Betrag entweder aus eigenen Mitteln bezahlen, ein Darlehen aufnehmen oder Teile des Nachlasses verkaufen. Das kann allerdings zu einer erheblichen Belastung für ihn werden und ihn in ernsthafte wirtschaftliche Schwierigkeiten bringen.

Um zumindest den Erben einen gewissen Schutz zu geben, die selbst zu den Pflichtteilsberechtigten gehören, wurde im Gesetz eine Stundungsmöglichkeit geschaffen:

- Wenn der Erbe selbst pflichtteilsberechtigt ist, kann er Stundung des Pflichtteilsanspruchs verlangen, wenn die sofortige Erfüllung des gesamten Anspruchs ihn wegen der Art der Nachlaßgegenstände ungewöhnlich hart treffen, insbesondere wenn sie ihn zur Aufgabe seiner Familienwohnung oder zur Veräußerung eines Wirtschaftsguts zwingen würde, das für den Erben und seine Familie die wirtschaftliche Lebensgrundlage bildet.
- Stundung kann nur verlangt werden, soweit sie dem Pflichtteilsberechtigten bei Abwägung der Interessen beider Teile zugemutet werden kann (§ 2331a BGB).

Die Entscheidung über einen Stundungsantrag trifft in den Fällen, in denen der Pflichtteilsanspruch als solcher nicht bestritten wird, das Nachlaßgericht.

Der Nachlaßwert

Wie hoch der Pflichtteilsanspruch nun tatsächlich ist, richtet sich zunächst nach dem Wert des gesamten Nachlasses. Um ihn zu ermitteln, muß jeder einzelne Nachlaßgegenstand mit seinem Verkehrswert angesetzt werden.

! Der Verkehrswert muß notfalls von einem Sachverständigen geschätzt werden. Angaben, die der Verstorbene im Testament über den Wert von Gegenständen, Grundstücken etc. gemacht hat, sind nicht maßgebend.

Vom Gesamtwert des Nachlasses werden die Schulden des Verstorbenen und die Verbindlichkeiten abgezogen, die durch den Tod des Erblassers entstanden sind, die sogenannten Erbfallschulden (Kosten der standesgemäßen Beerdigung, der gerichtlichen Sicherung des Nachlassses und der Testamentseröffnung, Erbschaftssteuer, Verbindlichkeiten aus wirksamen Rechtshandlungen eines Nachlaßpflegers oder Nachlaßverwalters oder des Testamentsvollstreckers sowie deren Gebühren, Verbindlichkeiten aus dem Zugewinnausgleich, aus Erbersatzansprüchen, aus anderen Pflichtteilsrechten, aus dem Voraus, nicht aus Vermächtnissen).

Übrig bleibt der reine Nachlaßwert.

Weitere wichtige Punkte:

- Damit der Pflichtteilsberechtigte den Wert des Nachlasses und damit die Höhe seines Anspruchs feststellen kann, kann er von den Erben Auskunft über den Bestand des Nachlasses und ein Verzeichnis der Nachlaßgegenstände (Inventar) verlangen.

- Der Auskunftsanspruch des Pflichtteilsberechtigten umfaßt nicht nur die beim Erbfall tatsächlich vorhandenen Nachlaßgegenstände, sondern auch alle anderen Faktoren, die für die Berechnung des tatsächlichen Werts bestimmend sind, z. B. ausgleichungspflichtige Zuwendungen, Schenkungen, auch Pflicht- und Anstandsschenkungen. Hierzu gehören ebenso die Veräußerungen des Erblassers, die den Verdacht einer verschleierten, gemischten Schenkung (Veräußerung eines Gegenstands unter seinem tatsächlichen Wert) begründen können.
- Bei der Berechnung des Pflichtteils können Vermächtnisse vom Nachlaßwert nicht abgerechnet werden.

Schutz des Pflichtteilsanspruchs

Der Pflichtteilsanspruch ist dem Gesetzgeber so wichtig, daß er Vorsorge getroffen hat dafür, daß das Pflichtteilsrecht der enterbten nächsten Angehörigen nicht geschmälert wird. Es gibt drei Fälle der Schmälerung, die gesetzlich verhindert werden.

Pflichtteilsanspruch bei zu geringem oder belastetem Erbteil sowie Vermächtnis

Wenn der Erblasser einen Pflichtteilsberechtigten zwar als Erben oder Vermächtnisnehmer einsetzt, aber zu einer so geringen Quote, daß er als Erbe oder Vermächtnisnehmer weniger erhält, als ihm im Falle der Enterbung als Pflichtteilsberechtigtem zustünde, so kann der Pflichtteilsberechtigte von den Miterben als Pflichtteil den Wert des an der Hälfte des gesetzlichen Erbteils fehlenden Teils verlangen (§§ 2305, 2307 BGB).

Wenn ihn der Erblasser durch zusätzliche Beschränkungen wie die Einsetzung eines Nacherben, eine Teilungsanordnung oder mit einem Vermächtnis beschwert, so gilt die Beschwerung als nicht angeordnet, wenn der ihm hinterlassene Erbteil die Hälfte des gesetzlichen Erbteils nicht übersteigt (§ 2306 BGB).

Wenn der Erblasser den Pflichtteilsberechtigten zwar enterbt, aber mit einem Vermächtnis bedacht hat, so hat der Pflichtteilsberechtigte das Wahlrecht zwischen dem Pflichtteil und dem Vermächtnis. Er kann das Vermächtnis ausschlagen und den Pflichtteil verlangen (§ 2307 BGB).

Er kann aber auch – insbesondere wenn ihm an dem vermachten Gegenstand liegt – diesen behalten und die Differenz zwischen dem Wert des vermachten Gegenstandes und dem Pflichtteil verlangen.

Anrechnung von Zuwendungen des Erblassers und Ausgleichspflicht

Wie an anderer Stelle gesagt wurde, werden bei der Erbteilung bestimmte Zuwendungen (Ausstattung) an die Abkömmlinge und Pflegedienste, die von den Abkömmlingen für den Erblasser unentgeltlich geleistet wurden, für die Berechnung des Erbteils der gesetzlichen Erben berücksichtigt.

Auch bei der Berechnung des Pflichtteils sind Zuwendungen des Erblassers an den Pflichtteilsberechtigten und andere Abkömmlinge sowie die Pflegeleistungen gesetzlicher Erben anzurechnen und auszugleichen.

Berücksichtigung von Schenkungen des Erblassers

Schenkungen des Erblassers in den letzten zehn Jahren vor seinem Tode können die Höhe des Pflichtteilsanspruchs nicht beeinträchtigen. Dieser Anspruch wird nämlich so berechnet, daß dem Wert des Nachlasses der Wert der Schenkung zugeschlagen wird.

Beispiel:

Der verwitwete Erblasser hinterläßt einen Nachlaß von 100 000 DM. Vor drei Jahren hat er einer Freundin 50 000 DM geschenkt.

Sein Sohn, der einzige gesetzliche Erbe, wurde im Testament enterbt und der Nachlaß einer Stiftung vererbt.

Der gesetzliche Erbteil des Sohnes besteht aus dem gesamten Erbe; der Pflichtteil beträgt also die Hälfte davon.

Berechnungsbasis ist der Nachlaß (100 000 DM) zuzüglich der Schenkung von 50 000 DM.

Er erhält somit einen Pflichtteilsanspruch von 75 000 DM.

Schuldner dieses Ergänzungsanspruchs ist regelmäßig der Erbe, im genannten Beispiel also die Stiftung.

! Wenn der Erbe selbst pflichtteilsberechtigt ist, kann er die Ergänzung des Pflichtteils insoweit verweigern, daß ihm sein eigener Pflichtteil verbleibt.
In diesem Fall muß der Beschenkte das Geschenk herausgeben oder an den Pflichtteilsberechtigten eine entsprechende Zahlung bewirken (§§ 2326, 2329 BGB).

! Schenkungen, durch die einer sittlichen Pflicht entsprochen wird, oder sogenannte Anstandsschenkungen bleiben unberücksichtigt (§ 2330 BGB).
Ein klarer Fall einer solchen »Schenkung aus sittlichen Pflicht« wäre z. B. ein Geschenk als Dank für eine Rettung aus großer Gefahr.
Schenkungen unter Ehegatten werden nur dann nicht bei der Ergänzung des Pflichtteils berücksichtigt, wenn sie länger zurückliegen als zehn Jahre seit Auflösung der Ehe durch Tod oder Scheidung.

Großer und kleiner Pflichtteil

Selbst der Ehegatte kann enterbt werden (wobei eine solche Regelung nicht immer eine gegen den Partner gerichtete Maßnahme sein muß, sondern in der konkreten Situation durchaus vorteilhaft sein kann für alle Beteiligten, speziell für die Kinder). Wird der Ehegatte enterbt, steht aber auch ihm ein Pflichtteil zu.

Bei der Berechnung des Pflichtteils spielt dann der Güterstand des Ehepaares eine Rolle.

Klar ist die Situation bei Gütertrennung und Gütergemeinschaft. In beiden Fällen beträgt der gesetzliche Erbteil des Ehegatten neben Verwandten der ersten Ordnung ein Viertel, neben Verwandten der zweiten Ordnung oder neben Großeltern die Hälfte der Erbschaft, bzw. die ganze Erbschaft, wenn weder Verwandte der ersten noch der zweiten Ordnung noch Großeltern vorhanden sind (§ 1931 BGB). Der Pflichtteil ist dann jeweils die Hälfte davon (§ 2303 BGB).

Im Fall der Zugewinngemeinschaft erhöht sich der gesetzliche Erbteil des überlebenden Ehegatten um ein Viertel, wenn der Güterstand durch den Tod eines Ehegatten beendet wird (§ 1371 Abs. 1 BGB).

! Dies soll aber nicht gelten, wenn der überlebende Ehegatte nicht Erbe wird, also enterbt ist und ihm auch kein Vermächtnis zusteht (§ 1371 Abs. 2 BGB). Dann wird sein Pflichtteil nach dem nicht erhöhten gesetzlichen Erbteil berechnet (kleiner Pflichtteil).

Daneben muß dem enterbten Ehegatten aber auch noch der Zugewinn ausgeglichen werden. Das erfolgt wie bei der Beendigung der Zugewinngemeinschaft durch Scheidung (§§ 1371 Abs. 2, 1373 ff. BGB).

Das heißt, es wird für jeden Ehegatten der während der Ehe erzielte Zugewinn festgestellt. Übersteigt der Zugewinn des einen Ehegatten den Zugewinn des anderen, so steht die Hälfte des Überschusses dem anderen Ehegatten als Ausgleichsforderung zu (§ 1378 BGB).

Der enterbte Ehegatte hat also diese Ausgleichsforderung und zusätzlich den Anspruch auf den kleinen Pflichtteil.

! Wird dem überlebenden Ehegatten testamentarisch jedoch ein – wenn auch kleiner – Erbteil oder ein Vermächtnis zugewandt, dann wird der Pflichtteil nach der allgemeinen Regel des § 1371 Abs. 1 BGB berechnet.
Das heißt, der gesetzliche Erbteil wird um ein Viertel der Erbschaft erhöht und auf diese Weise der Zugewinn ausgeglichen.
Der Pflichtteilsanspruch des überlebenden Ehegatten beträgt in diesem Fall die Differenz zwischen dem ihm testamentarisch zugewandten Erbe (bzw. dem Wert des Vermächtnisses) und der Hälfte des um ein Viertel erhöhten Erbteils (großer Pflichtteil).

Die Anfechtung des Testaments

Eine einfache Erklärung vor Gericht genügt

Das Testament oder der Erbvertrag ist eröffnet; Sie kennen jetzt den Inhalt der letztwilligen Verfügung und finden, daß Sie darin benachteiligt wurden. Sie haben außerdem Zweifel, ob bei der Abfassung alles mit rechten Dingen zugegangen ist. Das Gesetz gibt Ihnen in bestimmten Fällen ein Anfechtungsrecht.

! Wenn jedoch die Auslegung des Testaments schon dazu führt, den wahren Willen des Erblassers zu ergründen, besteht kein Grund mehr zur Anfechtung.
Es kann nicht das Testament als solches angefochten werden, sondern nur einzelne darin enthaltene Verfügungen.

Die Anfechtungsgründe

Gründe für die Anfechtung sind:

- Ein dem Erblasser nicht bewußtes Abweichen von dem, was er eigentlich sagen wollte. Das ist z. B. der Fall, wenn er sich verschreibt oder wenn er irrtümlich ein Wort, einen Begriff falsch benützt (§ 2078 Abs. 1 BGB). Wenn sich aber ermitteln läßt, in welchem Sinne er das betreffende Wort aufgefaßt hat, kann dieser Fehler durch Auslegung ausgeräumt werden, und dann scheidet eine Anfechtung aus.

- Eine falsche Vorstellung des Erblassers über den Eintritt oder Nichteintritt bestimmter Umstände (Motivirrtum).
- Eine widerrechtliche Drohung.

Ein besonderer Fall des Irrtums liegt vor, wenn jemand irrtümlich einen Pflichtteilsberechtigten übergeht. Dazu sagt das Gesetz: »Eine letztwillige Verfügung kann angefochten werden, wenn der Erblasser einen zur Zeit des Erbfalls vorhandenen Pflichtteilsberechtigten übergangen hat, dessen Vorhandensein ihm bei der Errichtung der Verfügung nicht bekannt war oder der erst nach der Errichtung geboren oder pflichtteilsberechtigt geworden ist. Die Anfechtung ist ausgeschlossen, soweit anzunehmen ist, daß der Erblasser auch bei Kenntnis der Sachlage die Verfügung getroffen haben würde« (§ 2079 BGB).

Grund für die irrtümliche Übergehung kann z. B. sein, daß der Pflichtteilsberechtigte zur Zeit der Testamentserrichtung noch nicht existierte, sondern erst später gezeugt wurde. Oder daß er bei der Errichtung zwar schon existierte, aber damals noch nicht zum Kreis der Pflichtteilsberechtigten gehörte. Dazu zählt etwa das Enkelkind, das zum gesetzlichen Erben und Pflichtteilsberechtigten geworden ist, nachdem der Elternteil, der Kind des Erblassers war, starb.

Auch ein Partner, den jemand erst nach Testamentserrichtung heiratet, wird erst durch die Heirat pflichtteilsberechtigt.

Anfechtungsberechtigte

Anfechtungsberechtigt ist derjenige, dem die Anfechtung der letztwilligen Verfügung unmittelbar zustatten kommen würde (§ 2080 Abs. 1 BGB).

! Unmittelbar bedeutet, daß der Anfechtende mit dem Wegfall der Verfügung Erbe oder von einer Verpflichtung, z. B. einem Vermächtnis, frei würde oder ihm dadurch ein Vermächtnis zufließen würde.
Es können auch mehrere Personen anfechtungsberechtigt sein. Dann kann jeder von ihnen allein anfechten.
Im Fall der Anfechtbarkeit wegen des Übergehens eines Pflichtteilsberechtigten (§ 2079 BGB) steht das Anfechtungsrecht nur diesem Pflichtteilsberechtigten zu (§ 2080 Abs. 3 BGB).

Die Anfechtungserklärung

Die Erklärung der Anfechtung ist grundsätzlich an keine Form gebunden. Sie muß aber dem Anfechtungsgegner, das ist jeder, der aufgrund des Testaments unmittelbar einen rechtlichen Vorteil erlangt hat, zugehen.

! Wenn eine besonders wichtige Verfügung wie etwa die Einsetzung als Erbe, der Ausschluß eines gesetzlichen Erben von der Erbfolge oder die Ernennung eines Testamentsvollstreckers angefochten werden soll, so ist die Anfechtung aus Gründen der Rechtssicherheit gegenüber dem Nachlaßgericht zu erklären (§ 2081 BGB).

Die Anfechtungsfrist

Die Anfechtung kann nur binnen Jahresfrist erfolgen. Diese Frist beginnt mit dem Zeitpunkt, an dem der Anfechtungsberechtigte von dem Anfechtungsgrund erfahren hat. Die Anfechtung kann bis maximal 30 Jahre nach dem Erbfall erfolgen (§ 2082 BGB). Frühester Zeitpunkt ist der Erbfall, da erst mit ihm das Anfechtungsrecht entsteht. Mit Fristablauf erlischt das Recht.

Die Wirkung der Anfechtung

Wird die Verfügung des Erblassers wirksam angefochten, so ist sie von Anfang an nichtig. Es treten damit diejenigen Rechtsfolgen ein, die ohne die angefochtene letztwillige Verfügung eingetreten wären. So wird etwa die Einsetzung eines Erben durch ein berechtigt angefochtenes Testament hinfällig, statt dessen tritt die gesetzliche Erbfolge ein.

! Wenn ein späteres Testament wirksam angefochten wird, lebt unter Umständen ein früheres Testament wieder auf.

Das gerichtliche Verfahren

Das Nachlaßgericht ist für die Anfechtungserklärung zunächst nur der Empfänger. Es benachrichtigt die Betroffenen (§ 2081 BGB) und nimmt die Anfechtungserklärung, für die keine besondere Form vorgeschrieben ist, zu seinen Akten. Es hat die Einsicht in die Erklärung jedem zu gestatten, der ein rechtliches Interesse glaubhaft macht.

! Wird beim Nachlaßgericht ein Erbschein beantragt, so muß das Gericht prüfen, wer Erbe geworden ist. Dazu hat es von Amts wegen die erforderlichen Ermittlungen aufzunehmen. Dabei muß auch geprüft werden, ob die Anfechtung begründet ist und dadurch etwa die testamentarische Erbeinsetzung beseitigt und die gesetzliche Erbfolge eingetreten ist.
Es ist aber auch möglich, daß das Gericht im Rahmen eines Prozesses die Wirksamkeit einer Anfechtung nachprüfen muß.

Beispiel:
Sie verlangen von der im Testament eingesetzten Person die in deren Besitz befindliche gesamte Erbschaft oder Teile davon und

berufen sich auf die Nichtigkeit des Testaments, die deshalb vorliegt, weil Sie aus einem der gesetzlichen Gründe angefochten haben und mit Wegfall des Testaments gesetzlicher Erbe sind. Hier muß das Gericht prüfen, ob Ihre Anfechtung wirksam war.

Anfechtung des Erbvertrages

Ohne Notar geht es nicht

Die in einem Erbvertrag enthaltenen einseitigen Verfügungen kann der Erblasser jederzeit widerrufen. Einer Anfechtung bedarf es jedoch, wenn er eine vertragsmäßig bindende Verfügung, die er ja nicht frei widerrufen kann, beseitigen will.

Er kann aus den gleichen Gründen, aus denen auch ein Testament angefochten werden kann (Irrtum, Drohung, unbekannter Pflichtteilsberechtigter), anfechten.

Nach seinem Tod kann der Erbvertrag aus den erbrechtlichen Anfechtungsgründen von dem angefochten werden, dem die Aufhebung der letztwilligen Verfügung unmittelbar zugute kommen würde (§§ 2080, 2285 BGB).

Anfechtungserklärung beim Erbvertrag

Ebenso wie die Rücktrittserklärung beim Erbvertrag bedarf auch die Anfechtungserklärung durch den Erblasser der notariellen Beurkundung.

Ficht ein Dritter nach dem Tod des Erblassers an, gelten die Formvorschriften der Testamentsanfechtung.

! Der Erblasser selbst kann nur binnen Jahresfrist seit Kenntnis des Anfechtungsgrundes anfechten (§ 2283 BGB).

Nach seinem Tod kann eine andere Person, nämlich diejenige, der die Aufhebung unmittelbar zustatten kommen würde, anfechtungsberechtigt werden.

Wenn jedoch der Erblasser sein Anfechtungsrecht in der ihm zur Verfügung stehenden Jahresfrist nicht ausgeübt hat, kann auch dieser Dritte später nicht mehr anfechten.

Anfechtung des gemeinschaftlichen Ehegattentestaments

Ein neues Testament nach Wiederheirat?

Für die Anfechtung des gemeinschaftlichen Testaments sieht das Gesetz keine besonderen Regeln vor. Diese gesetzliche Lücke wird durch entsprechende Anwendung der Regeln für die Anfechtung des Erbvertrags (§§ 2281 ff. BGB) geschlossen. Für den Erblasser besteht ein Bedürfnis für eine Anfechtung nur hinsichtlich der wechselbezüglichen Verfügungen und nur nach dem Tod des anderen Ehegatten, denn nicht wechselbezügliche Verfügungen können ja frei widerrufen werden.

Solange beide Ehegatten noch leben, können auch die wechselbezüglichen Verfügungen widerrufen werden (§ 2271 Abs. 2 BGB).

Besonders wichtig wird das Anfechtungsrecht des überlebenden Ehegatten, wenn er wieder heiratet und in Gestalt des neuen Ehegatten und eventuell eines Kindes weitere Pflichtteilsberechtigte hinzukommen (§ 2079 BGB).

! Der Erblasser hat in diesem Fall ein Anfechtungsrecht. Seine Anfechtung muß notariell beurkundet sein, und sie muß dem Nachlaßgericht innerhalb der Jahresfrist zugehen.

Unser Tip

☛ Nach dem Tod des Erblassers werden auch diejenigen anfechtungsberechtigt, denen die Aufhebung der Verfügung des Erblassers in einem gemeinschaftlichen Testament unmittelbar zustatten kommt. Diese Dritten haben jedoch dann kein Anfechtungsrecht mehr, wenn der Erblasser zum Zeitpunkt seines Todes das Anfechtungsrecht bereits verloren hatte (§ 2285 BGB).

Beispiel:

Der Witwer, der mit seiner Ehefrau ein gemeinsames Testament in der Form des Berliner Testaments errichtet hatte, heiratet wieder.

Das Ehepaar bekommt ein Kind.

Durch diese beiden zusätzlichen Pflichtteilsberechtigten – zweite Ehefrau und Kind – erwächst dem Erblasser ein Anfechtungsrecht.

Er hat nun zwei Möglichkeiten, das gemeinschaftliche Testament anzufechten: entweder innerhalb eines Jahres nach der Hochzeit oder innerhalb eines Jahres nach der Geburt des Kindes.

Tut er das nicht und stirbt z. B. eineinhalb Jahre nach der Hochzeit bzw. nach der Geburt des Kindes, haben die zweite Frau und das Kind das Anfechtungsrecht verloren.

Wenn er jedoch die Geburt des von ihm gezeugten Kindes nicht mehr erlebt, kann das Kind bzw. sein gesetzlicher Vertreter das gemeinschaftliche Testament binnen Jahresfrist anfechten.

Die Erbschafts- und Schenkungssteuer

Jeder Erbfall löst unweigerlich eine Steuerpflicht aus, wenn bestimmte Freigrenzen überschritten werden.

Damit sich niemand dieser Steuerpflicht entziehen kann, indem er seinen späteren Erben noch zu seinen Lebzeiten größere Schenkungen macht, wird die Erbschaftssteuer auch auf Schenkungen ausgedehnt. Für Schenkungen gelten die gleichen steuerlichen Vorschriften wie für den Erwerb von Todes wegen. Sie sind im Erbschaftssteuer- und Schenkungssteuergesetz festgelegt.

Ob Steuer zu bezahlen und wie hoch dieser Betrag ist, richtet sich nach dem Wert des Erwerbs (Erbanfall, Vermächtnis, Pflichtteil usw.) und nach dem Verwandtschaftsgrad des Erwerbers zum Verstorbenen.

! Als steuerpflichtiger Erwerb gilt dabei die Bereicherung des Erwerbers, das ist der Nettowert des erworbenen Vermögens abzüglich der Freibeträge.

Für den Grundbesitz galten bei der Wertermittlung bis zum 31. Dezember 1995 Besonderheiten. Bis Ende 1996 muß jetzt jedoch nach einer Entscheidung des Bundesverfassungsgerichts das Erbschafts- und Schenkungssteuergesetz geändert werden. Der Grund: Bei der Wertermittlung für Haus- und Grundbesitz war bisher der Einheitswert maßgeblich. Die Einheitswerte stammen jedoch aus dem Jahr 1964. Obwohl 1974 ein 40prozentiger Aufschlag dazukam, liegt dieser Wert im allgemeinen weit unter dem Verkehrswert.

Erbschafts- und Schenkungssteuer wurden jedoch bisher stets nach diesen niedrigen Einheitswerten berechnet, Geldvermögen – also Bargeld und Wertpapiere – dagegen nach ihrem wahren Wert.

Das Bundesverfassungsgericht sieht darin einen Verstoß gegen den Gleichheitsgrundsatz. Es setzte dem Gesetzgeber eine Frist bis Ende 1996, die Steuer neu zu regeln, und zwar so, daß »unter Familienangehörigen« das »persönliche Gebrauchsvermögen« von der Erbschafts- und Schenkungssteuer freigestellt wird. Für die Berechnung dieses Vermögenswertes soll laut Gericht ein übliches »Familienhaus« (nicht nur Einfamilienhaus), der dazugehörige Hausrat und weitere Vermögensgegenstände – etwa das Auto in der Garage – bzw. ein entsprechend hohes Kapitalvermögen herangezogen werden. Es soll also ein bestimmter Geldbetrag festgesetzt werden, der die Obergrenze bildet und steuerfrei bleibt – egal, ob man diesen Betrag in Haus und Grund, auf Sparkonten, in Aktien oder anderweitig angelegt hat. Dabei soll das Grundvermögen aber dann mit seinem tatsächlichen Wert angerechnet werden.

Das Erbschaftssteuergesetz muß bis zum 31. Dezember 1996 neu geregelt und rückwirkend zum 1. Januar 1996 wirksam werden. Das derzeit geltende Erbschaftssteuerrecht wird nur noch bis Ende 1995 angewendet. Bei den Erbfällen danach bis zur endgültigen Neuregelung setzt das Finanzamt die Steuer vorläufig fest.

Erwerb von Todes wegen

Welche Ausgaben Sie abziehen dürfen

Als »Erwerb von Todes wegen«, wie es im Erbschaftssteuergesetz heißt, gelten

- der Erwerb durch Erbanfall;
- der Erwerb aufgrund eines Erbersatzanspruchs;

- der Erwerb durch Vermächtnisse, aber auch eine Abfindung für den Verzicht auf ein Vermächtnis;
- der Erwerb aufgrund eines geltend gemachten Pflichtteilsanspruchs;
- der Erwerb durch Schenkung von Todes wegen;
- jeder Vermögensvorteil, der auf Grund eines vom Erblasser geschlossenen Vertrages bei dessen Tode von einem Dritten unmittelbar erworben wird. Damit ist z. B. der Anspruch auf Zahlung einer Lebensversicherung gemeint, die der Erblasser zugunsten eines Dritten abgeschlossen hat und die bei seinem Tod fällig wird.

Da als steuerpflichtiger Erwerb nur die Bereicherung des Erwerbers gilt, können die Kosten für Nachlaßverbindlichkeiten, die der Erbe begleichen muß, abgezogen werden. Dazu gehören

- die Schulden des Erblassers;
- Vermächtnisse und Auflagen;
- geltend gemachte Pflichtteilsansprüche und Erbersatzansprüche.
- Auch die Kosten für die Bestattung, für das Grabdenkmal, Grabpflege sowie die Kosten, die im Zusammenhang mit der Abwicklung, Regelung und Verteilung des Nachlasses oder mit der Erlangung des Erbes entstehen, also Kosten einer Testamentseröffnung, eines Erbscheins etc., können abgezogen werden.

Ohne Nachweis wird für all das ein Pauschbetrag von 10 000 DM angerechnet. Höhere Kosten sind abzugsfähig, wenn sie nachgewiesen werden.

Unser Tip

☛ Von diesem Netto-Wert des Vermögens können nun noch bestimmte Freibeträge abgezogen werden. Wenn der Güterstand der Zugewinngemeinschaft durch den Tod eines Ehegatten beendet wird, so bleibt bei dem überlebenden Ehegatten der Betrag von der

Besteuerung ausgenommen, den er bei güterrechtlicher Abwicklung als Ausgleichsforderung geltend machen könnte. Bei der Ermittlung dieser fiktiven steuerfreien Ausgleichsforderung kann jedoch der Nachlaß höchstens mit den Steuerwerten angesetzt werden.

Steuerklassen und Freibeträge

Die Erbschaftssteuer wird nach vier Steuerklassen erhoben:

- Steuerklasse I: Sie gilt für den Ehegatten, die Kinder (eheliche und nichteheliche Kinder, Adoptivkinder, Stiefkinder, nicht jedoch Pflegekinder) sowie für Enkelkinder, die anstelle eines verstorbenen Kindes erben.
- Steuerklasse II: Sie gilt für Abkömmlinge, die nicht unter Steuerklasse I fallen, und für Eltern und Großeltern.
- Steuerklasse III: Sie gilt für Geschwister (auch Halbgeschwister), Geschwisterkinder, Stiefeltern, Schwiegereltern, Schwiegerkinder und den geschiedenen Ehegatten.
- Steuerklasse IV: Sie gilt für alle übrigen Erwerber.

Jedem Erwerber steht ein bestimmter Freibetrag zu, bis zu dem der Erwerb steuerfrei ist. Dieser Freibetrag ist um so höher, je näher der Erbe zum Erblasser steht. Er beträgt bis zur Neuregelung des Erbschaftssteuergesetzes:

- 250 000 DM für den Ehegatten
- 90 000 DM für die Kinder und Enkelkinder der Steuerklasse I
- 50 000 DM für Personen der Steuerklasse II
- 10 000 DM für Personen der Steuerklasse III
- 3000 DM für Personen der Steuerklasse IV

Dem überlebenden Ehegatten und Kindern unter 27 Jahren wurde nach der bisherigen Regelung zusätzlich ein besonderer Versorgungsfreibetrag gewährt: für den überlebenden Ehegatten 250 000 DM und für die Kinder je nach ihrem Alter zwischen 10 000 DM und 50 000 DM. Durch die Entscheidung des Bundesverfassungsgerichts sind auch hier Änderungen zu erwarten.

Der Wert des Vermögens

Die Bewertung des Vermögens erfolgt nach dem Verkehrs- oder Kurswert zum Zeitpunkt des Erbfalls, also dem Todestag des Erblassers.

Wenn es sich z. B. um Aktien handelt, deren Kurswert danach gefallen ist, haben Sie Pech und müssen eventuell sogar draufzahlen.

Unsere Tips

☛ Sind die Papiere aber nach dem Tod noch gestiegen, bleibt dieser Gewinn bei der Erbschaftssteuer unberücksichtigt.

☛ Bei Gegenständen wird für die Erbschaftssteuer der gemeine Wert des einzelnen Gegenstandes zugrundegelegt, das ist der Preis, der im gewöhnlichen Geschäftsverkehr nach der Beschaffenheit des Gegenstandes bei einem Verkauf zu erzielen wäre.

☛ Bei der Wertermittlung für Immobilien war bisher der – niedrige – Einheitswert maßgeblich. In Zukunft soll Geld- und Grundvermögen nicht mehr ungleich behandelt werden, doch wie diese Neuregelung im einzelnen aussehen wird, ist – wie schon gesagt – noch offen.

Der Einfluß des Wohnsitzes

Wenn Erblasser und Erbe in den alten Bundesländern wohn(t)en und das übertragene Vermögen ebenfalls dort liegt, gilt für die Vermögensübertragungen das Erbschafts- und Schenkungssteuerrecht so, wie bisher erläutert. Das gilt auch für die neuen Bundesländer, wenn die Steuer nach dem 31. Dezember 1990 entsteht.

! Sobald jedoch der Wohnsitz eines der Beteiligten im Ausland liegt oder sich das Vermögen dort befindet, können sich andere steuerliche Folgerungen ergeben.

Dabei spielt es auch eine Rolle, aus was sich das Vermögen zusammensetzt: Immobilien, Geld, Schmuck usw. Hier eine Aufstellung der verschiedenen Möglichkeiten:

Erblasser und Erbe wohnen im Ausland, es wird aber Vermögen in Deutschland vererbt: Dann unterliegt nur das »Inlandsvermögen« der Steuerpflicht. Dazu zählen u. a. land- und forstwirtschaftliche Vermögen, Grund- und Betriebsvermögen, Hypotheken, Grund- und Rentenschulden, wenn sie durch inländischen Grundbesitz gesichert sind.

Nicht dazu zählen u. a. Sparkassen- und Bankguthaben, Barvermögen, Wertpapiere, Schmuck, Briefmarkensammlung, Hausrat, sonstige bewegliche Gegenstände des Hausrats wie z. B. Pkw, Motorboote etc.

Erblasser und Erbe wohnen in Deutschland, das Vermögen befindet sich im Ausland: Der gesamte Vermögensanfall wird besteuert, ebenso, wenn der Erblasser im Ausland, der Erbe in Deutschland wohnt und sich das Vermögen in Deutschland oder dem Ausland befindet.

Wohnten Erbe und Erblasser im Ausland und befindet sich auch das Vermögen dort, muß keine deutsche Erbschaftssteuer bezahlt werden. (Für Schenkungen trifft das gleiche zu.)

Allerdings bleiben deutsche Staatsangehörige, die ihren Wohnsitz ins Ausland verlegen, noch fünf Jahre lang mit dem gesamten Vermögensanfall steuerpflichtig. Dadurch soll verhindert werden, daß jemand vorübergehend seinen Wohnsitz ins Ausland verlegt, um die Besteuerung zu umgehen.

Wie erfährt das Finanzamt vom Erbfall?

Dem Finanzamt bleibt kein Todesfall verborgen. Auf mehreren Wegen gelangen die Informationen dorthin, und dann schlägt den Erben die Stunde der Wahrheit! Insbesondere unvollständige Einkommensteuererklärungen aus der Vergangenheit werden offenbar.

Standesämter unterrichten allmonatlich die Finanzämter von den Sterbefällen. Banken und Sparkassen, bei denen ein Konto des Verstorbenen geführt wird oder Wertpapiere aufbewahrt werden, sind gesetzlich verpflichtet, innerhalb eines Monats nach Bekanntwerden des Todes dem Finanzamt die nachgelassenen Vermögenswerte mitzuteilen. Dann kommen oft Steuersünden aus der Vergangenheit an den Tag.

Dazu muß man wissen, daß der Fiskus neuerdings in Erbfällen der Zinsbesteuerung nach dem Einkommensteuergesetz und der Vermögensbesteuerung auf der Spur ist. In Erbfällen schickt das Erbschaftssteuer-Finanzamt Kontrollmitteilungen an das für die Einkommen- und Vermögensteuer zuständige Finanzamt, und zwar für die Steuerakten des Erblassers wie auch für die Steuerakten des Erwerbers.

! Es kann also unter Umständen dazu kommen, daß die Erben nicht nur Erbschaftssteuer, sondern auch die vorenthaltene Vermögenssteuer- und Einkommensteuer zahlen müssen, einschließlich Hinterziehungszinsen und Säumniszuschlägen.

Auch Versicherungen müssen, bevor sie einem anderen als dem Versicherungsnehmer Versicherungssummen oder Leibrenten auszahlen, dem Finanzamt Anzeige erstatten.

Gerichte, Behörden und Notare müssen es dem Finanzamt melden, wenn z. B. Beurkundungen erfolgen, die für die Festsetzung der Erbschaftssteuer von Bedeutung sein können.

Und schließlich müssen Sie sich selbst innerhalb von drei Monaten ans Finanzamt wenden, wenn der Erwerb der Erbschaftssteuer unterliegt.

Unsere Tips

- ☛ Diese Verpflichtung besteht nicht, wenn der Erwerb auf einer bereits eröffneten Verfügung von Todes wegen beruht und sich aus dieser Urkunde das Verhältnis des Erben zum Erblasser unzweifelhaft ergibt.

- ☛ Eine Mitteilung ist ebenfalls nicht erforderlich, wenn für den Erben ersichtlich ist, daß das Ererbte unterhalb seiner Freibeträge liegt und deshalb keine Steuern zu zahlen sind.

Die Schenkungssteuer

Rechtzeitig Vermögen zu verschenken war bisher eine Möglichkeit, Erbschaftssteuer zu sparen. Zwar fällt auch bei Schenkungen Steuer an, die mit der Erbschaftssteuer weitgehend identisch ist. Doch nur die Vermögensvorteile – Schenkungen und Erbfall – die innerhalb von 10 Jahren jemandem anfallen, wurden zusammengerechnet.

Waren seit einer Schenkung zehn Jahre verstrichen, so blieb dieser bei einer neuen Schenkung außer Betracht. Das schuf Spielraum für einen neuen Freibetrag.

Ob das in Zukunft überflüssig wird oder bei welchen Beträgen Schenkungen sich als vorteilhaft erweisen könnten, kann erst nach der Neuregelung des Erbschafts- und Schenkungssteuergesetzes gesagt werden.

Wann besteht Anzeigepflicht?

Wie bereits gesagt, muß jeder Erwerb, der der Erbschaftssteuer unterliegt, innerhalb von drei Monaten dem Finanzamt angezeigt werden. Bei einer Schenkung ist sowohl der Schenker als auch der Beschenkte zur Anzeige verpflichtet.

! Bei einer Schenkung, die gerichtlich oder notariell beurkundet wird, erfolgt die Anzeige durch das Gericht bzw. den Notar. Die Anzeigepflicht entfällt dagegen, wenn es sich einwandfrei um einen steuerfreien Erwerb handelt, z. B. eine Schenkung, die die jeweiligen Freibeträge nicht übersteigt.

Mustertestamente

Hier einige Muster für letztwillige Verfügungen. Da wir nicht alle denkbaren Möglichkeiten aufführen können, haben wir einige typische Situationen herausgegriffen.

! Vergessen Sie auf keinen Fall: Ihr privates Testament muß eigenhändig handschriftlich geschrieben und von Ihnen unterschrieben sein!

Hier ein Beispiel für die Einsetzung eines Alleinerben mit Testamentsvollstreckung und Vermächtnissen.

```
Ich, Hermann Weber, setze meinen Neffen Christoph
Weber zum Alleinerben ein. Sollte er bei meinem Tod
noch nicht volljährig sein,
so soll sein Vater, Rechtsanwalt Norbert Weber, das
Vermögen als Testamentsvollstrecker verwalten, bis
Christoph volljährig ist.
Ich setze folgende Vermächtnisse aus:
Meine Sammlung alter Rotweine soll mein Neffe Klaus
Weber erhalten.
Meinen Bechstein-Flügel vermache ich dem städtischen
Musikkonservatorium in...

Mannheim, den 18. Oktober 1996, Hermann Weber
```

Beispiel für ein »Berliner Testament« für Ehepaare ohne Kinder:

```
Unser Letzter Wille

1. Vorsorglich widerrufen wir alle früheren Verfü-
   gungen von Todes wegen.
2. Wir setzen uns gegenseitig zu alleinigen Erben
   ein.
3. Als Erben des Letztversterbenden setzen wir
   zu drei Vierteln Lisa Schmidhuber, Nichte von Do-
   ris Wolf, und zu einem Viertel den Tierschutzver-
   ein von ... ein.

Würzburg, den 19.9.1995, Doris Wolf,
geb. Schmidhuber
Würzburg, den 19.9.1995, Peter Wolf
```

Beispiel für ein »Berliner Testament« für Ehepaare mit Kindern und erschwerter Pflichtteilsklausel:

```
Testament

Wir, die Eheleute Paul und Ilse Kern, setzen
uns gegenseitig als Erben ein. Nach dem Tod des
Letztversterbenden von uns sollen unsere Kinder
Christine, Susanne, Stefan und Patrick zu
gleichen Teilen Erben werden, ersatzweise deren
jeweilige Abkömmlinge zu gleichen Anteilen.
Sollte einer unserer Abkömmlinge nach dem Tod
des Erstversterbenden seinen Pflichtteil verlan-
gen, so sollen er und seine Abkömmlinge auch vom
Nachlaß des Letztversterbenden nur den Pflicht-
teil erhalten.

Berlin, 21.3.1995 Paul Kern
Berlin, 21.3.1995 Ilse Kern
```

Dieses Testament kann mit verschieden ausgestalteten Wiederverheiratungsklauseln kombiniert werden, die jeweils vor der Unterschrift eingefügt werden müßten.

Wenn die stärkste Bindung für den Überlebenden gewünscht wird, könnte die Klausel so lauten:

```
Dieses Testament gilt vollinhaltlich auch dann
weiter, wenn der Überlebende wieder heiratet.
Ein Anfechtungsrecht deshalb, weil ein neuer
Pflichtteilsberechtigter hinzukommt, ist aus-
geschlossen.
```

Eine Klausel, die dem überlebenden Partner etwas mehr Freiheit läßt:

```
Für den Fall, daß der Überlebende wieder heira-
tet, tritt die Rechtsfolge ein, die eintreten
würde, wenn er zu diesem Zeitpunkt sterben
würde. Das gemeinsame Testament verliert danach
seine Bindungswirkung.
```

Und hier eine Klausel, die dem Überlebenden noch mehr Freiheit läßt:

```
Im Fall der Wiederverheiratung hat der Über-
lebende den Kindern ein Vermächtnis auszuzahlen,
das dem Wert des gesetzlichen Erbteils nach dem
Erstverstorbenen entspricht.
```

Oder:

```
Im Fall der Wiederverheiratung hat der Über-
lebende den Kindern ein Vermächtnis auszuzahlen,
```

```
das dem Wert des gesetzlichen Erbteils nach bei-
den Ehegatten entspricht. Für die Berechnung des
Wertes des Erbteils des Erstverstorbenen ist
dessen Todestag maßgebend, für die Berechnung
des Wertes vom Erbteil des Überlebenden der Tag
vor der Wiederverheiratung.
```

Beispiel für ein Testament in einer nichtehelichen Lebensgemeinschaft mit gemeinsamen Kindern:

```
Ich, Marion Peters, setze meinen Lebensgefährten
Erwin Lange zum Vorerben ein. Nacherben sollen
unsere Kinder Eva und Gerd Peters sein.

Rosenheim, den 28. April 1996, Marion Peters
```

Und der Partner schreibt gleichlautend:

```
Ich, Erwin Lange, setze meine Lebensgefährtin
Marion Peters zur Vorerbin ein. Nacherben sollen
unsere Kinder Eva und Gerd Peters sein.

Rosenheim, den 28. April 1996, Erwin Lange
```

Beispiel für die Enterbung eines Kindes:

```
Mein Testament

Ich, Hanna Müller, setze meinen Sohn Karl sowie
die Kinder meiner Tochter Angelika je zur Hälfte
als Erben ein.
Meine Tochter Angelika enterbe ich.
Alle früheren Testamente sind hiermit wider-
rufen.

Augsburg, den 20.12.1996, Hanna Müller
```

Beispiel für ein Testament mit Entziehung des Pflichtteils:

```
Ich, Michael Glaser, setze Frau Christiane
Schreiber zu meiner Alleinerbin ein. Meinem Sohn
Hans entziehe ich den Pflichtteil, weil er als
Zuhälter und Drogenhändler tätig ist.

Hamburg, den 24. Juli 1996, Michael Glaser
```

Register